大学韓国語 基礎

黄晿峻

金善美

はじめに

　2000年以降の韓流ブームとともに韓国・朝鮮語（以下、韓国語）を学ぶ人が増加しています。特に、K-POPの人気が高まった時期からは10、20代の学習者が急増し、大分県内の高校や大学においても、受講生の数だけではなく、本格的に学んで韓国語能力試験（TOPIK）を受けたり、留学や仕事に活かそうとする学習者も少なくありません。

■教材の特色

　本書は、主に大学で初めて韓国語を学ぶ学習者を対象としたテキストです。この一冊で読み、書き、聞き取りができるような教材作りを目指しました。そのため、文法の練習だけではなく、語彙の習得もできるように作りました。さらに、韓国語能力試験（TOPIK）初級を受験する人のために単語と表現及び助詞を収録しています。

■本書の構成と特徴

　全4部構成で、1部の入門編9課、2部の初級18課、3部のワークブック、4部の付録に構成しています。一つの課を1時間半で行い、前後期合わせて30回の授業で学習できるように作成しています。

　1部では、文字の学習であり、説明だけではなく、発音しながら書くことができるように作っています。

　2部では、各課ごとに、基本文型と文法の説明と基本語彙、そして練習問題、会話文に構成しています。文法の説明については、主に韓国国立国語院の「外国人のための韓国語文法、2014」を参照しています。語彙については、発音しながら書く項目と語彙の日本語をみながらハングルで言う練習問題を作っています。

　会話文においては、教え子の中で初めて韓国に留学に行ったスズキ・チカという主人公が体験したと思われることを各テーマ別に作成しました。音声は、ゆっくりと普通速度の2タイプで練習できるようにしていて、さらに付録に載せている会話文の日本語訳をみながら韓国語で言う・書く練習もできます。

　3部では、1部と2部の復習ができるようにワークブックを作成しています。

　4部では、付録として2部の初級で学んできた助詞と用言のまとめと、2部と3部の練習問題の答案を載せています。そして、韓国語能力試験（TOPIK）を受ける人のために、韓国国立国際教育院韓国語能力試験センターが公開している「韓国語能力試験語彙目録-初級」に日本語の意味を加えて載せています。

　この教科書を十分に活用していただき、基礎をしっかり固め、次のステップへ進むことを願っています。

　最後に、本書の出版をご快諾してくださった博英社の中嶋啓太代表取締役をはじめ、編集部担当者のキム・ソンギョン氏と関係者の皆様、そして出版企画の段階から貴重なご意見下さった大分県立芸術文化短期大学の朴貞蘭先生にこの場を借りて心から感謝の意を表したいです。

黄昞峻、金善美

音声ファイルは、
QR コードをスキャンするとご確認いただけます。

第1部
入門

入　門

第1課	**基本母音**	....	2
	母音制字原理、発音と書き順		
第2課	**子音**	....	6
	子音制字原理、発音と書き順		
第3課	**音節①（基本母音と子音の組み合わせ）**	....	10
	基本母音と子音の組み合わせ		
第4課	**活用（複合）母音**	....	14
	活用（二重＝複合）母音		
第5課	**音節②（活用母音と子音の組み合わせ）**	....	18
	二重母音と子音の組み合わせ		
第6課	**パッチム**	....	22
	終声＝パッチム		
第7課	**発音法則**	....	26
	発音変化の原因、6法則		
第1~7課	**復習**	....	32
	音節①、音節②、パッチム、発音変化		
第8課	**日本語のハングル表記**	....	36
	日本語のハングル表記法		
第9課	**読み練習**	....	38
	授業で使う表現、基本挨拶		

▶ 母音とは（標準国語辞典）

声が口を出るまでの間、その通路が舌やくちびる等で妨げられない時の音

▶ 母音製字原理

天「·」、地「一」、人「｜」の３つの形を陰陽説を借用して組み合わせる

▶ 基本母音の口の大きさと舌の位置

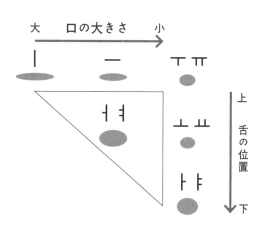

▶ 書き順　左から右、上から下の順で書く

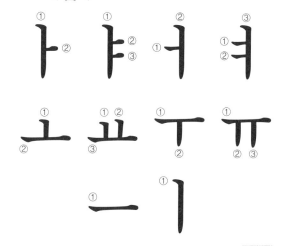

▶ 発音の方法と表記 【♪音声1】

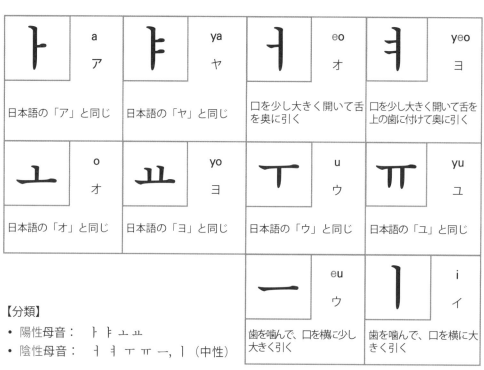

ㅏ a ア	ㅑ ya ヤ	ㅓ eo オ	ㅕ yeo ヨ
日本語の「ア」と同じ	日本語の「ヤ」と同じ	口を少し大きく開いて舌を奥に引く	口を少し大きく開いて舌を上の歯に付けて奥に引く
ㅗ o オ	ㅛ yo ヨ	ㅜ u ウ	ㅠ yu ユ
日本語の「オ」と同じ	日本語の「ヨ」と同じ	日本語の「ウ」と同じ	日本語の「ユ」と同じ
		ㅡ eu ウ	ㅣ i イ
		歯を噛んで、口を横に少し大きく引く	歯を噛んで、口を横に大きく引く

【分類】
- 陽性母音： ㅏ ㅑ ㅗ ㅛ
- 陰性母音： ㅓ ㅕ ㅜ ㅠ ㅡ，ㅣ（中性）

▶ 発音しながら書きましょう。

ㅏ	ㅑ	ㅓ	ㅕ	ㅗ	ㅛ	ㅜ	ㅠ	ㅡ	ㅣ
아	야	어	여	오	요	우	유	으	이

第1部 入門										
이		二、歯								
오		五								
아	이	子ども								
아	우	弟								
오	이	胡瓜								
여	우	狐								
여	유	余裕								
유	아	幼児								
우	유	牛乳								
이	유	理由								
야	유	やじ								

▶ 発音を聞いて書きましょう。【♪音声3】

1)		4)				7)		
2)		5)				8)		
3)		6)				9)		

▶ 発音しながら書きましょう。

		子ども						
		弟						
		胡瓜						
		狐						
		余裕						
		幼児						
		牛乳						
		理由						

子音とは（標準国語辞典）

呼気が喉頭から口腔にかけてどこかで閉鎖または狭めが作られて発せられる音

子音製字原理

調音器官（舌、唇、歯、喉）の形を模した文字

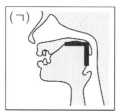 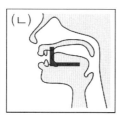 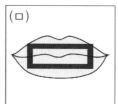 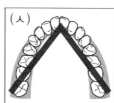 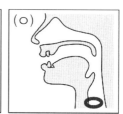

ㄱ, ㅋ, ㄲ (ㆁ)　　ㄴ, ㄷ, ㅌ, ㄸ, ㄹ　　ㅁ, ㅂ, ㅍ, ㅃ　　ㅅ, ㅈ, ㅊ, ㅉ, ㅆ (ㅿ)　　ㆆ (ㅇ ㅎ)

子音の構成

調音方法と位置	両唇音		歯茎音			硬口茎音		軟口茎音		喉音	
平音	ㅂ	P/B	ㄷ	T/D	ㅅ	S	ㅈ	CH/J	ㄱ	K/G	ㅎ	H
鼻音	ㅁ	M	ㄴ	N					ㅇ			
流音							ㄹ	R				
激音	ㅍ	P	ㅌ	T			ㅊ	CH	ㅋ	K		
濃音	ㅃ	PP	ㄸ	TT	ㅆ	SS	ㅉ	JJ	ㄲ	KK		

子音の書き順と表記 【♪音声4】

ㄱ	ㄴ	ㄷ	ㄹ	ㅁ	ㅂ	ㅅ
K / G キヨック 기역	N ニウン 니은	T / D ティグッツ 디귿	R = L リウル 리을	M ミウム 미음	P / B ピウップ 비읍	S シオッツ 시옷

ㅇ	ㅈ	ㅊ	ㅋ	ㅌ	ㅍ	ㅎ
- イウン 이응	CH / J チウッツ 지읒	CH チウッツ 치읓	K キウック 키읔	T ティウッツ 티읕	P ピウップ 피읖	H ヒウッツ 히읗

ㄲ	ㄸ	ㅃ	ㅆ	ㅉ
KK サンギヨック 쌍기역	TT サンディグッツ 쌍디귿	PP サンビウップ 쌍비읍	SS サンシオッツ 쌍시옷	JJ サンジウッツ 쌍지읒

▶ 発音しながら書きましょう。

ㄱ														
ㄴ														
ㄷ														
ㄹ														
ㅁ														
ㅂ														
ㅅ														
ㅇ														
ㅈ														
ㅊ														
ㅋ														
ㅌ														
ㅍ														
ㅎ														
ㄲ														
ㄸ														
ㅃ														
ㅆ														
ㅉ														

発音しながら書きましょう。【♪音声5】

가																
나																
다																
라																
마																
바																
사																
아																
자																
차																
카																
타																
파																
하																
까																
따																
빠																
싸																
짜																

▶ **発音しながら書きましょう。【♪音声6】**

차 車、茶			**다** 全て		
파 ネギ			**자** 定規		
나 라 国			**아 가** 赤ちゃん		
나 이 年齢			**파 마** パーマ		
마 차 馬車			**하 나** 一		
바 다 海			**이 마** 額		
사 자 ライオン			**여 자** 女子		
가 요 歌謡			**하 마** カバ		
유 아 幼児			**요 가** ヨガ		

▶ **発音を聞いて書きましょう。【♪音声7】**

1)	2)	3)	4)	5)	6)
俺・私	窯、輿	引っ越し	下車	パパ	行こう

音節①	ᅡ	ᅣ	ᅥ	ᅧ	ᅩ	ᅭ	ᅮ	ᅲ	ᅳ	ᅵ
ㄱ										
ㄴ										
ㄷ										
ㄹ										
ㅁ										
ㅂ										
ㅅ										
ㅇ										
ㅈ										
ㅊ										
ㅋ										
ㅌ										
ㅍ										
ㅎ										
ㄲ										
ㄸ										
ㅃ										
ㅆ										
ㅉ										

▶ 発音しながら書きましょう。【♪音声8】

						第3課 音節① (基本母音と子音の組み合わせ)		
가 수 歌手								
고 추 唐辛子								
거 리 距離								
기 타 ギター								
나 무 木								
나 이 年齢								
다 리 橋、脚								
머 리 頭								
모 자 帽子								
보 고 報告								
버 스 バス								
비 누 石鹸								

▶ 発音しながら書きましょう。【♪音声9】

사 고 事故						
서 류 書類						
스 키 スキー						
시 소 シーソー						
여 자 女子						
우 표 切手						
아 빠 パパ						
오 빠 兄						
조 리 調理						
주 소 住所						
지 도 地図						
치 마 スカート						

					第3課 音節① (基本母音と子音の組み合わせ)			
차 도 車道								
커 피 コーヒー								
토 끼 ウサギ								
포 도 ブドウ								
타 자 打者								
피 부 皮膚								
꼬 리 尻尾								
뿌 리 根								
뽀 뽀 ちゅう								
따 다 取る								
쓰 다 書く								
짜 다 塩辛い								

活用（複合）母音

▶ 活用母音と書き順（左から右、上から下）

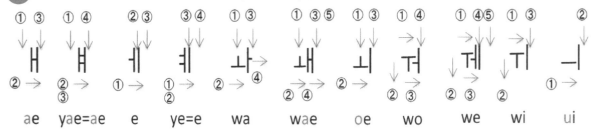

ae   yae=ae   e   ye=e   wa   wae   oe   wo   we   wi   ui

▶ 発音方法と表記 【♪音声11】

ㅐ ae エ	ㅒ yae イェ	ㅔ e エ	ㅖ ye イェ
日本語の「エ」と同じ	口を大きく開いて「イェ」と発音	日本語の「エ」と同じ	口を大きく開いて「イェ」と発音
ㅘ wa ウ	ㅙ wae ウェ	ㅚ oe ウェ	ㅝ wo ウォ
日本語の「ワ」とほぼ同じ	口を突き出して「ウェ」と発音	口を突き出して「ウェ」と発音	日本語の「ウォ」とほぼ同じ
ㅞ we ウェ	ㅟ wi ウィ	ㅢ ui ウィ	
口を突き出して「ウェ」と発音	口を丸めてやや突き出して「ウィ」と発音	口を横に引いたまま「ウィ」と発音	

▶ 読み方の特例

【ㅖ】【ㅒ】		【変化前】		【変化後】
・語頭の子音が「ㅇ , ㄹ」	ㅖ, ㅒ	例）예비（予備） 例）사례（事例）		예비（イェビ） 사례（サリェ）
・「ㅇ」以外	ㅖ, ㅒ	例）계기（契機）	→	계기（ケギ）
【ㅢ】		【変化前】		【変化後】
・語頭の子音が「ㅇ」	ㅢ	例）의지（意志）		의지（ウィジ）
・語頭の子音が「ㅇ」以外 又は、語頭以外	ㅣ	例）희망（希望） 例）회의（会議）		희망（ヒマン） 회의（フェイ）
・助詞「〜의」の場合	ㅔ	例）저의（私の）		저에（チョエ）

▶ **活用母音**

ㅐ	ㅒ	ㅔ	ㅖ	ㅘ	ㅙ	ㅚ	ㅝ	ㅞ	ㅟ	ㅢ
애	얘	에	예	와	왜	외	워	웨	위	의

▶ **発音しながら書きましょう。【♪音声12】**

애 교 愛嬌					
얘 기 話					
예 수 イエス					
에 서 ～から					
기 와 瓦					
왜 소 矮小					
소 외 疎外					
야 외 野外					
위 로 慰労					
워 터 ウォータ					
위 기 危機					
의 무 義務					

発音しながら書きましょう。【♪音声13】

						第4課 活用（複合）母音
에 코 エコ						
샤 워 シャワー						
애 도 哀悼						
예 의 礼儀						
와 이 Y						
서 예 書道						
외 모 外見						
교 외 郊外						
의 사 医者						
바 위 岩						
가 위 ハサミ						
의 의 意義						

音節②	ㅐ	ㅒ	ㅔ	ㅖ	ㅘ	ㅙ	ㅚ	ㅝ	ㅞ	ㅟ	ㅢ
ㄱ											
ㄴ											
ㄷ											
ㄹ											
ㅁ											
ㅂ											
ㅅ											
ㅇ											
ㅈ											
ㅊ											
ㅋ											
ㅌ											
ㅍ											
ㅎ											
ㄲ											
ㄸ											
ㅃ											
ㅆ											
ㅉ											

▶ 発音しながら書きましょう。【♪音声14】

회 의 会議					
가 게 店					
아 내 妻					
새 끼 （動物）子					
돼 지 豚					
괴 수 怪獣					
과 거 過去					
기 회 機会					
취 미 趣味					
위 기 危機					
화 폐 貨幣					
세 계 世界					

초 대 招待							
체 구 体躯							
노 래 歌							
메 기 ナマズ							
궤 도 軌道							
회 계 会計							
사 과 リンゴ							
위 치 位置							
예 배 礼拝							
소 화 消化							
회 사 会社							
폐 교 廃校							

의 미 意味							
과 자 お菓子							
퇴 사 退社							
폐 차 廃車							
쥐 치 カワハギ							
세 수 洗顔							
야 채 野菜							
의 리 義理							
과 로 過労							
유 쾌 愉快							
포 위 包囲							
화 제 話題							

▶ パッチム

・パッチムとは、子音（初声）と母音（中声）に続くもう一つの子音（終声）のこと

・全部で 27 個あるが、発音は 7 種類に分類できる

・子音 2 つで構成される場合もあるが、どちらか一つだけ発音する

▶ パッチムの構成

▶ パッチムの分類と発音

発音	日本語表記	パッチム	例文	
ㄱ【k】	ック	ㄱ ㅋ ㄲ ㄳ ㄺ	각 【Kak】	【カック】
ㄷ【t】	ッツ	ㄷ ㅌ ㅅ ㅆ ㅈ ㅊ ㅎ	갓 【Kat】	【カッツ】
ㅂ【p】	ップ	ㅂ ㅍ ㅄ ㄿ	갑 【Kap】	【カップ】
ㄴ【n】	ン	ㄴ ㄵ ㄶ	간 【Kan】	【カン】
ㄹ【r=l】	ル	ㄹ ㄼ ㄽ ㄾ ㅀ	갈 【Kal】	【カル】
ㅁ【m】	ム	ㅁ ㄻ	감 【Kam】	【カム】
ㅇ【ng】	ン	ㅇ	강 【Kang】	【カン】

▶ 2文字構成のパッチム

● 左側の文字の音を発するパッチム

ㄳ　ㄵ　ㄶ　ㄼ　ㄽ　ㄾ　ㅀ　ㅄ

● 右側の文字の音を発するパッチム

ㄺ　ㄻ　ㄿ

▶ 発音しながら書きましょう。【♪音声17】

ㄱ音	책 本	흙 土	샀 賃金	몫 分前	대학 大学		깎다 削る	키읔 ㅋ（子音）
ㄷ音	곧 すぐ	맛 味	벚 友	끝 終わり	햇빛 日光		낳다 生む	갔다 行った
ㅂ音	밥 ご飯	값 価格	숲 森	입 口	없다 ない、いない		읊다 詠む	수업 授業
ㄴ音	눈 目、雪	돈 お金	손 手	문 門	얹다 乗せる		언니 姉	괜찮다 大丈夫だ
ㄹ音	달 月	물 水	별 星	돌 石	싫다 嫌だ		넓다 広い	핥다 なめる
ㅁㅇ音	몸 体	삶 人生	김치 キムチ		사람 人	방 部屋	공 ボール	선생님 先生

ㄱ音	닭 鶏	칡 クズ	가족 家族	수박 スイカ	부엌 台所	읽다 詠む
ㄷ音	꽃 花	밭 畑	낮 昼	옷 服	거짓 嘘	좋다 良い

ㄷ音	꽃 花	밭 畑	낮 昼	옷 服	거짓 嘘	좋다 良い	있다 ある、いる

ㅂ音	컵 コップ	집 家	옆 横	앞 前	아홉 九	무릎 膝	지갑 財布

ㄴ音	신 靴	캔 缶	친구 友だち	반찬 おかず	앉다 座る	귀찮다 面倒だ

ㄹ音	글 文	쌀 米	교실 教室	서울 ソウル	외곬 一本気	짧다 短い

ㅁㅇ音	꿈 夢	춤 踊り	그림 絵	이름 名前	강 川	콩 豆	냉면 冷麺

계획 計画				얇다 薄い		
숯불 炭火				긁다 掻く		
높이 高さ				운동 運動		
한국 韓国				잃다 失う		
풀숲 草むら				벚꽃 桜の花		
공원 公園				한글 ハングル		
배삯 船賃				훑다 しごく		
팥죽 小豆粥				접시 皿		
수건 タオル				끊다 切る		
일본 日本				볶음 炒め		
곪다 膿む				깃발 旗		
경쟁 競争				많다 多い		

▶ 発音法則の種類

連音化、流音化、口蓋音化、濃音化、激音化、弱音化、鼻音化など

【連音化】

終声	初声		終声	初声
1 文字	ㅇ	→		終声
2 文字		→	左終声	右終声

※例外：

合成語やパッチムで終わる名詞に助詞を介さずに用言等が
直接続くと、「ㅌ,ㅊ,ㅈ,ㅅ」は「ㄷ」になる。
さらに、連音化が生じる。

例文	発音変化
한일(韓日)	→ 하닐
젊은이(若者)	→ 절므니
맛없어요(不味い)	→ 마덥써요
맛있어요(美味しい)	→ 마딛써요
	= 마싣써요
꽃 아니다 (花ではない)	→ 꼬다니다

【流音化】

終声	初声		終声	初声
ㄴ	ㄹ	→	ㄹ	ㄹ
ㄹ	ㄴ	→		

例文	発音変化
연락(連絡)	→ 열락
실내(室内)	→ 실래

【口蓋音化】

終声	初声		終声	初声
ㄷ	이	→		지
ㅌ		→		치
ㄷ / ㅌ	히			치

例文	発音変化
굳이(あえて)	→ 구지
같이(一緒に)	→ 가치
묻히다(埋まる)	→ 무치다

【激音化】

終声	初声		終声	初声		例文	発音変化
ㄱ音		→		ㅋ		악화(悪化)	→ 아콰
ㄷ音	ㅎ			ㅌ		못하다(できない)	→ 모타다
ㅂ音				ㅍ		협회(協会)	→ 혀푀
ㅈ / ㄴㅈ音		→		ㅊ		맞히다(当てる)	→ 마치다

終声	初声		終声	初声		例文	発音変化
ㅎ	ㄱ音	→		ㅋ		어떻게(どうやって)	→ 어떠케
	ㄷ音			ㅌ		좋다(良い)	→ 조타
	ㅂ音			ㅍ			
	ㅈ / ㄴㅈ音	→		ㅊ		많지(多く)	→ 만치
				ㅇ		좋아요(良いです)	→ 조아요

連音化	단어 単語	→		한국인 韓国人	→		입원 入院	→	
	신인 新人	→		실업 失業	→		불안 不安	→	
	국어 国語	→		감염 感染	→		신용 信用	→	
	천연 天然	→		속옷 下着	→		작업 作業	→	
流音化	논리 論理	→		관람 観覧	→		편리 便利	→	
	권리 権利	→		인류 人類	→		신뢰 信頼	→	
口蓋音化	곧이 そのまま	→		맏이 長子	→		끝이 終わりが	→	
	걷히다 晴れる	→		닫히다 閉まる	→		밭이 畑が	→	
激音化	잊히다 忘られる	→		육회 ユッケ	→		입학 入学	→	
	많다 多い	→		축하 祝賀	→		급행 急行	→	
	백화점 デパート	→		쌓이다 積もる	→		놓다 置く	→	
	하찮다 つまらない	→		싫어요 嫌です	→		괜찮아요 大丈夫です	→	

【濃音化】

終声	初声		終声	初声		例文	発音変化
	ㄱ	→		ㄲ		국가(国家)	→ 국까
ㄱ音	ㄷ		ㄱ音	ㄸ		식당(食堂)	→ 식땅
ㄷ音	ㅂ	→	ㄷ音	ㅃ		숙박(宿泊)	→ 숙빡
ㅂ音	ㅅ		ㅂ音	ㅆ		입시(入試)	→ 입씨
	ㅈ			ㅉ		낮잠(昼寝)	→ 낮짬

【濃音化：特定単語「動詞・形容詞」】

終声	初声		終声	初声		例文	発音変化
ㄴ, ㄴㅈ	ㄱ	→	ㄴ, ㄴㅈ	ㄲ		신고(履いて)	→ 신꼬
ㅁ, ㄹㅁ	ㄷ		ㅁ, ㄹㅁ	ㄸ		더듬다(どもる)	→ 더듬따
ㄹㅂ, ㄹㅌ	ㅅ	→	ㄹㅂ, ㄹㅌ	ㅆ		핥다(舐める)	→ 핥따
	ㅈ			ㅉ		떫지(渋く)	→ 떫찌

【濃音化：特定単語「一部の漢字語」】

終声	初声		終声	初声		例文	発音変化
	ㄷ	→		ㄸ		갈등(葛藤)	→ 갈뜽
ㄹ	ㅅ		ㄹ	ㅆ		말살(抹殺)	→ 말쌀
	ㅈ	→		ㅉ		물질(物質)	→ 물찔

【濃音化：特定単語「合成語、ㄹパッチム＋名詞」】

終声	初声		終声	初声		例文	発音変化
	ㄱ	→		ㄲ		문고리(引き手)	→ 문꼬리
	ㄷ			ㄸ		눈동자(瞳)	→ 눈똥자
パッチム	ㅂ	→	パッチム	ㅃ		김밥(海苔巻)	→ 김빱
	ㅅ			ㅆ		창살(窓格子)	→ 창쌀
	ㅈ			ㅉ		술잔(杯)	→ 술짠
ㄹ+名詞			ㄹ+名詞			할 시간(する時間)	→ 할 씨간

【鼻音化】

終声	初声		終声	初声		例文	発音変化
ㄱ音		→	ㅇ			학년(学年)	→ 항년
ㄷ音	ㄴ		ㄴ	ㄴ		거짓말(嘘)	→ 거진말
ㅂ音	ㅁ	→	ㅁ	ㅁ		업무(業務)	→ 엄무

終声	初声		終声	初声		例文	発音変化
ㅁ		→	ㅁ			심리(心理)	→ 심니
ㅇ			ㅇ			정류장(停留場)	→ 정뉴장
ㄱ音	ㄹ	→	ㅇ	ㄴ		학력(学力)	→ 항녁
ㄷ音			ㄴ			핫라인(ホットライン)	→ 한나인
ㅂ音			ㅁ			법률(法律)	→ 범뉼

▶ 濃音化・鼻音化の練習【♪音声21】

濃音化	학교 学校	→		합숙 合宿	→		약국 薬局	→	
	법당 法堂	→		숙제 宿題	→		습관 習慣	→	
	옆집 隣家	→		국밥 クッパ	→		갈증 渇き	→	
	국비 国費	→		숲속 林中	→		댓글 コメント	→	
	앉고 座って	→		껴안다 抱き込む	→		절도 窃盗	→	
	발전 発展	→		아침밥 朝ごはん	→		갈 곳 行く所	→	
鼻音化	국내 国内	→		식물 植物	→		입문 入門	→	
	국민 国民	→		섭리 摂理	→		앞문 前門	→	
	총리 総理	→		협력 協力	→		독립 独立	→	
	강릉 (地名)	→		침략 侵略	→		각막 角膜	→	

▶ 書き取り（받아쓰기）

1)			2)			3)		
	→			→			→	

졸업 卒業	→	조럽	졸업	굳히다 固める	→		
한라산 ハンラ山	→			신랑 新郎	→		
미닫이 引き戸	→			실눈 細目	→		
붙이다 つける	→			근육 筋肉	→		
복학 復学	→			언어 言語	→		
연료 燃料	→			좋아요 良いです	→		
얼음 氷	→			칼날 刃	→		
출입 出入	→			약하다 弱い	→		
잡학 雑学	→			믿음 信用	→		
해돋이 日の出	→			북한 北朝鮮	→		
완료 完了	→			핥히다 舐められる	→		
많다 多い	→			낳다 産む	→		

박사 博士	→	박싸	박사	얹다 乗せる	→		
국립 国立	→			합니다 します	→		
일시 日時	→			있다 ある	→		
학문 学問	→			탁구 卓球	→		
입니다 〜です	→			학년 学年	→		
발바닥 足の裏	→			색종이 色紙	→		
잠자리 寝床	→			엽서 ハガキ	→		
굴속 洞窟の中	→			음력 陰暦	→		
불소 フッ素	→			귀엽다 可愛い	→		
떡밥 練り餅	→			작가 作家	→		
숫자 数字	→			꽃게 ワタリガニ	→		
갈 곳 行く所	→			먹을 것 食べ物	→		

▶ **音節①**　【♪音声24】　🎧

가 치				유 교		
価値				儒教		
거 미				소 주		
クモ				焼酎		
교 수				조 리		
教授				調理		
수 도				주 거		
水道				住居		
기 류				치 즈		
気流				チーズ		
꼬 마				소 포		
ちびっこ				小包		
두 부				피 로		
豆腐				疲労		
도 마				피 부		
まな板				皮膚		
마 루				후 추		
板の間				胡椒		
부 모				휴 지		
父母				ちり紙		
벼 루				호 두		
すずり				クルミ		

					第1~7課 復習	
개 미 蟻				재 회 再会		
고 래 クジラ				지 혜 知恵		
과 제 課題				찌 개 チゲ		
대 야 タライ				타 워 タワー		
돼 지 豚				쥐 포 カワハギ干物		
무 늬 柄				채 소 野菜		
매 화 梅				체 조 体操		
부 채 扇				수 위 水位		
배 추 白菜				위 치 位置		
베 개 枕				화 가 画家		
새 우 エビ				의 료 医療		
세 제 洗剤				어 휘 語彙		

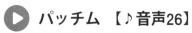 パッチム 【♪音声26】

고 향 故郷				**달 력** カレンダー			
사 람 人				**냉 면** 冷麺			
끝 판 終局				**산 맥** 山脈			
풀 밭 草原				**밥 풀** ご飯粒			
부 엌 台所				**산 책** 散策			
물 컵 コップ				**등 산** 登山			
전 철 電車				**감 상** 鑑賞			
맛 탕 大学いも				**관 광** 観光			
동 녘 東方				**승 마** 乗馬			
빛 깔 色彩				**물 건** 品物			
쌀 밥 白ご飯				**구 경** 見物			
무 릎 膝				**바 둑** 囲碁			

신인 新人	→	합니다 します	→	식사 食事	→
입원 入院	→	식비 食費	→	습진 湿疹	→
천연 天然	→	컵밥 カップ飯	→	문어 タコ	→
작업 作業	→	악수 握手	→	책상 机	→
감염 感染	→	옷장 衣装箪笥	→	학생 学生	→
신용 信用	→	쌀눈 米の胚芽	→	관련 関連	→
관람 観覧	→	약국 薬局	→	석유 石油	→
편리 便利	→	젓가락 箸	→	난리 騒ぎ	→
곧이 直ちに	→	발동 発動	→	밭이 畑が	→
입술 唇	→	녹용 鹿茸	→	학력 学歴	→
국화 菊の花	→	신원 身元	→	먹다 食べる	→
닮고 似て	→	인류 人類	→	국물 汁	→

日本語のハングル表記

大韓民国　国立国語院表記法（1986年、文教部告示第85-11号）

▶ 五十音

あ 아	か 가/카	さ 사	た 다/타	な 나	は 하	ま 마	や 야	ら 라	わ 와	ん 前文字の終声 ㄴ
い 이	き 기/키	し 시	ち 지/치	に 니	ひ 히	み 미		り 리		
う 우	く 구/쿠	す 스	つ 쓰	ぬ 누	ふ 후	む 무	ゆ 유	る 루		
え 에	け 게/케	せ 세	て 데/테	ね 네	へ 헤	め 메		れ 레		
お 오	こ 고/코	そ 소	と 도/토	の 노	ほ 호	も 모	よ 요	ろ 로	を 오	

※「か」「た」行の場合、一文字目は「左字」、二文字目以降は「右字」を使う

▶ 濁音、半濁音

が 가	ざ 자	だ 다	ば 바
ぎ 기	じ 지	ぢ 지	び 비
ぐ 구	ず 즈	づ 즈	ぶ 부
げ 게	ぜ 제	で 데	べ 베
ご 고	ぞ 조	ど 도	ぼ 보

ぱ 파
ぴ 피
ぷ 푸
ぺ 페
ぽ 포

이름	キムハングック 김한국
名前	ベッキ　キョウコ 벳키　교코

氏　　性	名　　明

▶ 小書き文字

きゃ 갸/캬	しゃ 샤	ちゃ 자/차	ひゃ 햐	みゃ 먀	りゃ 랴
きゅ 규/큐	しゅ 슈	ちゅ 주/추	ひゅ 휴	みゅ 뮤	りゅ 류
きょ 교/쿄	しょ 쇼	ちょ 조/초	ひょ 효	みょ 묘	りょ 료

ぎゃ 갸	じゃ 자	びゃ 뱌	ぴゃ 퍄
ぎゅ 규	じゅ 주	びゅ 뷰	ぴゅ 퓨
ぎょ 교	じょ 조	びょ 뵤	ぴょ 표

▶ 促音・撥音・長音

促音「っ」	パッチム「ㅅ」	例＞	別府（べっぷ）	→ 벳푸
撥音「ん」	パッチム「ㄴ」	例＞	仙台（せんだい）	→ 센다이
長音「ー」	表記しない	例＞	北九州（きたきゅうしゅう）	→ 기타큐슈

▶ 地名

＜きゅうしゅう＞	ふくおか	はかた	きたきゅうしゅうし
ながさき	させぼ	くまもと	あそ
さが	みやざき	のべおか	かごしま
おおいた	べっぷ	なかつ	ゆふいんちょう
おきなわ	なは	うるま	うらぞえ

▶ 食べ物や社名

すし	さしみ	なっとう	とんこつ
すきやき	やきにく	やきとり	らーめん
そば	おくら	どんぶり	しゃぶしゃぶ
らっきょう	おちゃづけ	とんかつ	おこのみやき
たこやき	うめぼし	つけもの	やきそば
とよた	れくさす	ほんだ	みつびし
すばる	まつだ	にっさん	すずき
そにー	しゃーぷ	とうしば	ひたち

読み練習

▶ 수업 시간에 쓰는 표현（授業時間に使う表現）【♪音声28】

수업을 시작하겠습니다. 授業を始めます	수업을 마치겠습니다. 授業を終わります	
앞을 보세요 前を見て下さい		
책을 펴세요. 本を開いて下さい		
잘 들으세요 よく聞いて下さい		
다시 들으세요 もう一度聞いて下さい		
따라 하세요 ついて言って下さい		
듣고 대답하세요 聞いてから答えて下さい		
따라 읽으세요. ついて読んで下さい		
읽으면서 쓰세요. 読みながら書いて下さい		
한 번 더 말해 주세요. もう一度、言って下さい		
단어를 외우세요. 単語を覚えて下さい		
수고하셨습니다. お疲れ様でした		
다음 주에 만나요. 来週会いましょう		
알겠어요?	네, 알겠어요.	아뇨, 잘 모르겠어요.
わかりますか	はい、わかります	いいえ、よくわかりません
질문 있어요?	네, 있어요.	아뇨, 없어요.
質問ありますか	はい、あります	いいえ、ありません

가. 안녕하<u>십</u>니까? ＞ 안녕?

こんにちは。

나. 안녕하세요? ＞ 안녕?

こんにちは。

가. 이<u>름</u>이 뭐예요?

名前は何ですか。

나. 저는 김미나예요.

私はキムミナです。

가. 감사<u>합</u>니다.

感謝します。

나. <u>고</u>마워요.

ありがとうございます。

가. 미안<u>합</u>니다.

すみません。

나. 미안해요.

ごめんないさい。

가. 안녕히 계세요. ＞ 안녕.

さようなら。（そこでゆっくりして下さい）

나. 안녕히 가세요. ＞ 안녕.

さようなら。（気をつけて帰って下さい）

가. 조심해서 가세요.

（危ないから）気をつけて帰って下さい。

나. 네, 조심해서 가세요.

はい。気をつけて帰って下さい。

가. 식<u>사</u>하<u>셨어</u>요?

食事なさいましたか。

나. 네, <u>했어</u>요.

はい。しました。

가. 밥 <u>먹었어</u>요?

ご飯食べましたか。

나. 네, <u>먹었어</u>요.

はい。食べました。

가. 오래간<u>만이</u>에요. 잘 지<u>냈</u>어요?

久しぶりです。元気でしたか。

나. 네, 잘 지<u>냈</u>어요.

はい。元気でした。

가. 실례하겠<u>습</u>니다.

失礼します。

가. 잠깐만요.

ちょっと待って下さい。

가. 괜<u>찮</u>아요? / <u>됐</u>어요?

大丈夫ですか。／（もう）良いですか。

나. 네, 괜<u>찮</u>아요. / <u>됐</u>어요

大丈夫です。／（もう）良いです。

가. <u>맛있어</u>요.

美味しいです。

가. <u>맛없어</u>요.

不味いです。

가. 배고파요. 잘 먹겠<u>습</u>니다.

お腹すきました。頂きます。

가. 배불러요. 잘 먹었<u>습</u>니다.

お腹いっぱいです。ごちそうさまでした。

가. 안녕하십니까?	**나.** 네, 안녕하세요?
가. 이름이 뭐예요?	**나.** 저는 김미나예요.
가. 감사합니다.	**나.** 고마워요.
가. 미안합니다.	**나.** 미안해요.
가. 안녕? / 안녕~	**나.** 안녕? / 안녕~
가. 안녕히 계세요.	**나.** 안녕히 가세요.
가. 조심해서 가세요.	**나.** 네, 조심해서 가세요.
가. 밥 먹었어요?	**나.** 네, 먹었어요.
가. 식사하셨어요?	**나.** 네, 했어요.

읽으면서 써 보세요. (読みながら書いてみましょう)

가. 오래간만이에요. 잘 지냈어요?	**나.** 네, 잘 지냈어요.
가. 실례하겠습니다.	**가.** 잠깐만요.
가. 괜찮아요?	**나.** 네, 괜찮아요.
가. 됐어요?	**나.** 네, 됐어요.

가. 배고파요.	**가.** 잘 먹겠습니다.	**가.** 맛있어요.
가. 배불러요.	**가.** 잘 먹었습니다.	**가.** 맛없어요.

가. 어디예요? どこですか	**가.** 얼마예요? いくらですか
가. 누구예요? 誰ですか	**가.** 좋아해요? 好きですか

수고하셨습니다!
초급도 열심히 하세요. 보고 있습니다.

고양이

第2部

初 級

第1課　고향은 오이타입니다.　　　　　　　　　　　46
　　　　～です（か）、～と申します

第2課　취미는 등산이 아닙니다.　　　　　　　　　　50
　　　　～ではありません（か）

第3課　이 건물은 무엇입니까?　　　　　　　　　　　54
　　　　指示・疑問代名詞（何、どこ）

第4課　주말은 무엇을 합니까?　　　　　　　　　　　58
　　　　～ます（か）、～に会う

第5課　오이타의 날씨는 어떻습니까?　　　　　　　　62
　　　　位置表現（所・方）

第6課　휴일에 무엇을 하십니까?　　　　　　　　　　66
　　　　敬語

第7課　이분은 누구예요?　　　　　　　　　　　　　70
　　　　～です（か）人称・疑問代名詞、～が好き、～が良い

第8課　너무 배고파요.　　　　　　　　　　　　　　74
　　　　～ます・です（か）【基本形】

第9課　여름에도 온천을 해요?　　　　　　　　　　　78
　　　　～ます・です（か）【変則形】、丁寧化のマーカー

第10課　무슨 일 생겼어요?　　　　　　　　　　　　82
　　　　過去形

第11課　집에 택시로 가고 있어요.　　　　　　　　　86
　　　　～ている

第12課　여기에서 얼마나 걸려요?　　　　　　　　　90
　　　　漢数字

第13課　몇 시에 일어나요?　　　　　　　　　　　　94
　　　　固有数字

第14課　3월생이라서 1년 일찍 입학했어요.　　　　　98
　　　　～なので、～ですね

第15課　왜 고향에 안 가요?　　　　　　　　　　　102
　　　　否定表現（～しない、～できない）

第16課　저도 가고 싶어요. 다 같이 갑시다.　　　　106
　　　　勧誘・意志・希望表現

第17課　혹시 있으면 일주일만 빌려 주세요.　　　　110
　　　　敬語の勧誘命令、仮定形

第18課　약을 먹었지만 계속 아프고 자꾸 졸려요.　　114
　　　　接続副詞、～て

고향은 오이타입니다.

🎧 **대화문【♪音声30　ゆっくり・普通】**

스즈키 지카　안녕하십니까?

이은지　예, 안녕하세요. 처음 뵙겠습니다.

스즈키 지카　네, 처음 뵙겠습니다.

　　　　　　저는 스즈키 지카라고 합니다. 일본 사람입니다.

이은지　저는 이은지입니다. 대학생입니다. 지카 씨는 학생입니까?

스즈키 지카　네, 한국어학당 학생입니다. 고향은 오이타입니다.

　　　　　　은지 씨, 만나서 반갑습니다. 앞으로 잘 부탁합니다.

▶ **어휘**

안녕	(安寧)	일본 사람	日本の人	한국어	韓国語
	穏やかで平和なこと	(=일본인)	日本人	학당	学堂＝学校
안녕하십니까?	(格式体)	입니다	~です	고향	故郷＝出身地
＞안녕하세요?	こんにちは	-이다 + ㅂ니다		오이타	大分(地名)
예 ＞ 네	はい	입니까?	~ですか	만나서 반갑습니다	
처음 뵙겠습니다	はじめまして	-이다 + ㅂ니까?			お会いできて嬉しいです
저 ＞ 나	わたくし＞わたし	대학생	大学生	앞으로	これから
-은 / 는	~は	- 씨	~さん	잘 부탁합니다	
-(이)라고 합니다	~と申します	학생	学生		宜しくお願いします

▶ **문법**

▶ 補助詞「~は」　　　○○ (받침無) **는**　　학교는　　学校は

　　　　　　　　　　○● (받침有) **은**　　건축은　　建築は

▶ 叙述格助詞「~だ、~である」　　・名詞이다 + **ㅂ니다.**　-**입니다.** ~です

　-**이다**　　　　　　　　　　　・名詞이다 + **ㅂ니까?**　-**입니까?** ~ですか

김영수입니까? 김영수＿＿＿＿＿＿＿＿.　　대학생＿＿＿＿＿＿＿? 대학생입니다.

▶ **表現**　　　　　　　　○○ (받침無) **라고 합니다**　이민아라고 합니다.

　(名詞：名前) と申します　○● (받침有) **이라고 합니다**　김지민이라고 합니다.

▶ 띄어쓰기

1. 単語（名詞、動詞、形容詞、副詞など）は、全部分かち書きをする

2. 助詞と述語は名詞に付けて書く　例）学校는（学校は）　例）학교입니다（学校です）

3. 合成語（名詞）は単語化されてないものは分かち書きをする
例）우리말（我が言葉）,우리글（我が文字）例）우리 집（我が家）,우리 학교（我が学校）

4. 敬語の呼称（様）は付けて、さん（씨）は分かち書きをする。
例）선생님（先生様）,　사장님（社長様）　　　　例）○○ 씨

5. 職位は分かち書きをする　　　　　　　　　　例）김　사장님

▶ 한국어 억양

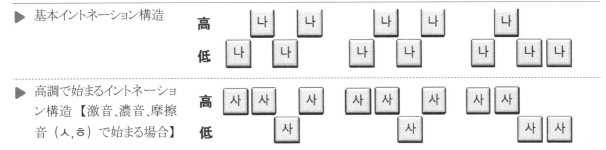

▶ 基本イントネーション構造

▶ 高調で始まるイントネーション構造【激音、濃音、摩擦音（ㅅ,ㅎ）で始まる場合】

▶ 어휘: 출신국（出身国）

일본 사람	日本人	한국 사람	韓国人	중국 사람	中国人
미국 사람	アメリカ人	영국 사람	イギリス人	독일 사람	ドイツ人
태국 사람	タイ人	네덜란드 사람	オランダ人	호주 사람	オーストラリア人

▶ 연습문제

▌1.【職業：직업】「은」/「는」を正しく入れましょう。

① 運動選手は 운동선수＿＿＿	② コックは 요리사＿＿＿	③ 会社員は 회사원＿＿＿
④ 美容師は 미용사＿＿＿	⑤ 軍人は 군인＿＿＿	⑥ 医者は 의사＿＿＿
⑦ 大学生は 대학생＿＿＿	⑧ 大学教授は 대학교수＿＿＿	⑨ 公務員は 공무원＿＿＿
⑩ 看護師は 간호사＿＿＿	⑪ 警察官は 경찰관＿＿＿	⑫ 銀行員は 은행원＿＿＿
⑬ 消防士は 소방관＿＿＿	⑭ 教師は 교사＿＿＿	⑮ 薬剤師は 약사＿＿＿
⑯ 主婦は 주부＿＿＿	⑰ 歌手は 가수＿＿＿	⑱ 俳優は 배우＿＿＿
⑲ 漁師は 어부＿＿＿	⑳ 農夫は 농부＿＿＿	㉑ 運転手は 운전기사＿＿＿

▌2. 例のように文を作りましょう。

| 例） 日本人 | 저는 <u>일본 사람</u>입니다. | 私は<u>日本人</u>です。 |

① 大学生	② コック
③ 消防士	④ 公務員
⑤ 主婦	⑥ 医者
⑦ 会社員	⑧ 軍人
⑨ 銀行員	⑩ 薬剤師

▌3. 例のように文を作りましょう。

| 例） 母 / 教授 | 가: <u>어머니는 교수</u>입니까? <u>母</u>は<u>教授</u>ですか。
나: 네. <u>교수</u>입니다. はい.<u>教授</u>です。 |

① 父(아버지) / 警察官	가:
	나:
② 祖父(할아버지) / 美容師	가:
	나:
③ 祖母(할머니) / 運動選手	가:
	나:
④ 友達(친구) / 漁師	가:
	나:
⑤ 故郷(고향) / 大分	가:
	나:

4．例のように文を作りましょう。

例）	유나 / 日本人 / 韓国人	**가:** 유나는 일본 사람입니까?　ユナは日本人ですか。 **나:** 아니요. 한국 사람입니다.　いいえ。韓国人です。

① 해리 / アメリカ人 / 韓国人

가:

나:

② 루카스 / イギリス人 / ドイツ人

가:

나:

③ 얀 / オーストラリア人 / オランダ人

가:

나:

④ 웨이 / タイ人 / 中国人

가:

나:

⑤ 미나 / 韓国人 / 日本人

가:

나:

5．自己紹介文を書きましょう。

こんにちは。はじめまして。

私は（名前）と申します。

故郷は（○○県○○市）です。

大学生です。

○○大学○○学部（学科）1年生です。

趣味は（名詞）です。

私は（歌手や俳優の名前）が好きです。

お会いできて本当に嬉しいです。

これから宜しくお願いします。

학부(학과)	일학년	취미	한국어 공부	-를/을 좋아합니다
学部（学科）	1年生	趣味	韓国語の勉強	～が好きです

제2과

취미는 등산이 아닙니다.

박준철	지카 씨, 취미가 무엇입니까?
지카	제 취미는 서예입니다. 준철 씨 취미는 무엇입니까?
박준철	저는 바둑이 취미입니다.
지카	네? 등산이 아닙니까?
박준철	등산이 아닙니다. 그런데 일본은 토마토가 과일입니까?
지카	일본은 과일이 아닙니다. 야채입니다.
박준철	그렇군요.

▶ **어휘**

취미	趣味	바둑	囲碁	저	私
-이 / -가	(主格助詞)～が	네?	はい?	그런데	ところで
무엇	何	등산	登山	일본	日本
-입니까?	～ですか	-이/가 아닙니까?		토마토	トマト
-이다 + ㅂ니까?			～ではありませんか	과일	果物
제	私の	-이/가 아닙니다		야채	野菜
-은 / -는	～は		～ではありません	그렇군요	(相づちの表現)
서예	書道(書芸)	-이/가 아니다 + ㅂ니다			そうなんですね

▶ **문법**

▶ **主格助詞「～が」**　　○○ (받침無) **가**　　친구가　友達が

　　　　　　　　　　　　○● (받침有) **이**　　선생님이　先生が

▶ **(名詞) ～ではありません**	▶ **(名詞) ～ではありませんか**
○○ (받침無) **가 아닙니다.**	○○ (받침無) **가 아닙니까?**
○● (받침有) **이 아닙니다.**	○● (받침有) **이 아닙니까?**
・교사가 아닙니다.　　　　敎師	・사과는 야채가 아닙니까?　りんご / 野菜
・고등학생이 아닙니다.　高等学生＝高校生	・토마토는 과일이 아닙니까?　果物

연습문제

▎ 1.【趣味：취미】「이」/「가」を正しく入れましょう。

독서___ 読書	영화감상___ 映画鑑賞	음악감상___ 音楽鑑賞
여행___ 旅行	등산___ 登山	낚시___ 釣り
꽃꽂이___ 生花	악기연주___ 楽器演奏	서예___ 書道（書芸）
다도___ 茶道	바둑___ 囲碁	게임___ ゲーム
요리___ 料理	운동___ 運動	사진___ 写真
그림___ 絵	외국어___ 外国語	드라이브___ ドライブ

▎ 2.【果物：과일】「이」/「가」を正しく入れましょう。

밤___ 栗	배___ 梨	귤___ ミカン
포도___ ブドウ	감___ 柿	딸기___ イチゴ
복숭아___ モモ	수박___ スイカ	자두___ スモモ
멜론___ メロン	오렌지___ オレンジ	참외___ マクワウリ

▎3．例のように文を作りましょう。

例）	読書	가: 독서가 취미입니까?	読書が趣味ですか。
		나: 아니요. 독서가 아닙니다.	いいえ。読書ではありません。
①	音楽鑑賞	가:	
		나:	
②	旅行	가:	
		나:	
③	楽器演奏	가:	
		나:	
④	運動	가:	
		나:	
⑤	絵画	가:	
		나:	

▎4. 例のように文を作りましょう。

例）	旅行 / 読書	가: 취미는 여행이 아닙니까?	
		趣味は旅行ではありませんか。	
		나: 네, 여행이 아닙니다. 독서입니다.	
		はい。旅行ではありません。読書です。	
①	音楽鑑賞 / 映画鑑賞	가:	
		나:	
②	登山 / 釣り	가:	
		나:	
③	生花 / 書道	가:	
		나:	
④	料理 / 茶道	가:	
		나:	
⑤	写真 / ドライブ	가:	
		나:	

▌5. 例のように文を作りましょう。

例）果物 / 初めて	**가:** 과일이 처음입니까? 果物が初めてですか。 **나:** 아니요, 처음이 아닙니다. いいえ。初めてではありません。
① トマト / 果物	**가:** **나:**
② メロン / 野菜	**가:** **나:**
③ ミカン / 野菜	**가:** **나:**
④ イチゴ / 野菜	**가:** **나:**
⑤ スイカ / 果物	**가:** **나:**

▌6. 下記の語彙を指しながら話してみましょう。

読書	映画鑑賞	音楽鑑賞	旅行	**가:** ＿＿＿가/이 취미입니까? **나:** 아니요. ＿＿＿가/이 아닙니다.
登山	釣り	生花	楽器演奏	
書道	茶道	囲碁	ゲーム	
料理	運動	写真	絵	**가:** 취미는＿＿＿가/이 아닙니까? **나:** 네,＿＿가/이 아닙니다.＿＿입니다.
外国語	ドライブ	趣味	果物	
栗	梨	ミカン	ブドウ	**가:** ＿＿가/이 처음입니까?
柿	イチゴ	モモ	スイカ	**나:** 아니요, 처음이 아닙니다. **나:** 네, 처음입니다.
スモモ	メロン	オレンジ	マクワウリ	

▌7. 自分の趣味や職業を否定する文を書きましょう。

제3과

이 건물은 무엇입니까?

🎧 대화문【♪音声32　ゆっくり・普通】

지카	하준 씨, **이 건물은 무엇입니까?**
유하준	**그것은** 역사박물관입니다.
지카	저 건물**도** 역사박물관입니까?
유하준	아니요. **저것은** 역사박물관이 아닙니다. 한글박물관입니다.
	그런데 **이게** 뭡니까?
지카	**그건** 인형 필통입니다.
유하준	그렇군요.

▶ 어휘

이 - 그 - 저		이것 - 그것 - 저것		한글박물관	ハングル博物館
	この-その-あの		これ-それ-あれ	그런데	ところで
건물	建物	역사박물관	歴史博物館	이게 = 이것이	これが
-은 / -는	～は	-도	～も	무엇 = 뭐	何
무엇	何	아니요 〉 아뇨	いいえ	뭡니까?	何ですか
-입니까?	～ですか	-이/가 아닙니다		= 뭐입니까?	
-이다 + ㅂ니까?			～ではありません	그건 = 그것은	それは
-입니다	～です	-이/가 아니다 + ㅂ니다		인형 필통	人形の筆箱
-이다 + ㅂ니다				그렇군요	そうなんですね

▶ 의문대명사【疑問代名詞】　　　　　　　　　　　　　　　▶ 조사

▶ もの ⇒「何」**무엇** = 뭐	▶ 場所 ⇒「どこ」**어디**	▶ 補助詞「～も」-도
・무엇입니까? 　　　　何ですか。	・학교는 어디입니까? 　　　　学校はどこですか。	・돈도 명예도 　　　　お金も名誉も
・뭡니까?	・어디가 집입니까? 　　　　どこが家ですか。	・성도 이름도 　　　　名字も名前も

▶ 지시대명사【指示代名詞】

		것	（物）	-은(は)	-이(が)	-곳「文語」	（所）
이	이の	**이것**＝이거	これ	**이것은**＝이건	**이것이**＝이게	**이곳**＝여기	ここ
그	그の	**그것**＝그거	それ	**그것은**＝그건	**그것이**＝그게	**그곳**＝거기	そこ
저	あの	**저것**＝저거	あれ	**저것은**＝저건	**저것이**＝저게	**저곳**＝저기	あそこ
어느	どの	**어느 것**(거)	どれ	**어느 것은**(건)	**어느 것이**(게)	**어느 곳**＝어디	どこ

▶ 어휘 【生活施設：생활시설】

박물관 博物館	우체국 郵便局	병원 病院	극장 劇場
경찰서 警察署	시청 市役所	은행 銀行	약국 薬局
소방서 消防署	도서관 図書館	공항 空港	미용실 美容室
시장 市場	학교 学校	편의점 コンビニ	식당 食堂
마트 スーパー	학원 塾	교회 教会	노래방 カラオケ
백화점 百貨店	주차장 駐車場	가게 店	주유소 ガソリンスタンド

▶ 어휘 【文具や事務用品：문구 및 사무용품】

책 本	교과서 教科書	자 定規	사전 辞書
서류 書類	필통 筆箱	풀 ノリ	볼펜 ボールペン
수첩 手帳	공책 ノート	가위 ハサミ	연필 鉛筆
지우개 消しゴム	종이 紙	칼 カッター	샤프 シャーペン
포스트잇 付箋	테이프 テープ	책상 机	펜 ペン
의자 椅子	달력 カレンダー	전화 電話	안경 メガネ

연습문제

▍1. 例のように文を作りましょう。

例)　　　銀行	가: 이 건물은 무엇입니까?　この建物は何ですか。
	나: 그 건물은 은행입니다.　その建物は銀行です。
① 郵便局	가:
	나:
② 図書館	가:
	나:
③ 病院	가:
	나:
④ 警察署	가:
	나:
⑤ スーパー	가:
	나:

▍2. 例のように文を作りましょう。

例)　ここ / そこ / 学校	가: 여기는　어디입니까?　ここはどこですか。
	나: 거기는　학교입니다.　そこは学校です。
① そこ / そこ / 美容室	가:
	나:
② あそこ / あそこ / カラオケ	가:
	나:
③ そこ / ここ / ガソリンスタンド	가:
	나:
④ ここ / ここ / 塾	가:
	나:
⑤ あそこ / あそこ / 教会	가:
	나:

▌3. 例のように文を作りましょう。

例)	これが / それは / 辞書	가: <u>이게</u> 뭡니까?	<u>これが</u>（は）何ですか。
		나: <u>그건</u> 사전입니다.	それが（は）辞書です。

①	それが / これは / カッター	가:
		나:

②	これが / これは / ボールペン	가:
		나:

③	あれが / あれは / カレンダー	가:
		나:

④	これが / それは / ノリ	가:
		나:

⑤	それが / それは / ノート	가:
		나:

▌4. 下記の建物や文具を指しながら相手に何か聞いてみましょう。

博物館	郵便局	病院	劇場
警察署	市役所	銀行	薬局
消防署	図書館	空港	美容室

가: 이 건물은 무엇입니까?
나: 그 건물은 _____입니다.

市場	学校	コンビニ	食堂
スーパー	塾	教会	カラオケ
百貨店	駐車場	店	ガソリンスタンド

가: 여기는 어디입니까?
나: 거기는 _____입니다.

本	教科書	定規	辞書
書類	筆箱	ノリ	ボールペン
手帳	ノート	ハサミ	鉛筆
消しゴム	紙	カッター	シャーペン
付箋	テープ	机	ペン
椅子	カレンダー	電話	メガネ

가: 이게 뭡니까?
나: 그건 _____입니다.

▌5. 自分の筆箱にあるものを書きましょう。

제4과

주말은 무엇을 합니까?

🎧 대화문 【♪音声33　ゆっくり・普通】

지카	지호 씨, 주말은 무엇을 합니까?
권지호	보통 친구를 만납니다.
지카	친구와 뭐를 합니까?
권지호	주로 영화를 봅니다. 그리고 밥을 먹습니다. 지카 씨는 뭘 합니까?
지카	집 청소를 합니다.
권지호	그렇습니까? 하루 종일 청소를 합니까?
지카	아뇨. 저녁은 친구와 놉니다.

▶ 어휘

주말	週末	-와 / 과	～と	청소	掃除＝清掃
-은 / 는	～は	무엇을=뭐를=뭘=뭐 何を	그렇습니까?	そうですか
-을 / 를	～を	주로	主に	그렇다 + 습니다	
합니다	します	영화	映画	갑니다	行きます
하다 + ㅂ니다		봅니다	見ます	가다 + ㅂ니다	
보통	普通＝普段	보다 + ㅂ니다		하루 종일	一日中
친구	友達	그리고	そして	아침-점심-저녁	朝－昼－夕
-을 / 를 만납니다 ～に会う		먹습니다	食べます	놉니다	遊びます
-을/를 만나다 + ㅂ니다		먹다 + 습니다		놀다(ㄹ脱落)+ ㅂ니다	

▶ 조사 · 숙어

▶ ～を（目的格助詞）「-을 / 를」	▶ ～と「-와 / 과 = -하고 = -랑 / 이랑」
・공부를 합니까?　　　　　　　　　勉強をしますか。	・어머니와 요리를 합니까?　　　　　　　　母と料理をしますか。
・책을 읽습니다.　　　　　　　　　本を読みます。	・선생님과 공부를 합니다.　　　　　　　　先生と勉強をします。

▶ ～に会う ＝ ～に乗る・通う・行く等	・친구를 만납니까?　友だちに会いますか。	・버스를 탑니다.　バスに乗ります。
-을 / 를 만나다 ＝ 타다, 다니다, 가다	・선생님을 만납니다.　先生に会います。	・학교를 다닙니다.　学校に通います。

▶ 문법　【敬語体の終結語尾】

▶ （動詞・形容詞）～ます / です	▶ （動詞・形容詞）～ますか / ですか
○○ 다　→　○○ **ㅂ니다**	○○ 다　→　○○ **ㅂ니까?**
○● 다　→　○● **습니다**	○● 다　→　○● **습니까?**

・하다　→힙니다　・먹다　→먹습니다　・예쁘다　→예쁩니까?　・춥다　→춥습니까?

※例外 : ㄹ脱落　　○ㅂ니다	・알다	→ 아 → 압니다 / 압니까?
	・울다	→ 우 → 웁니다 / 웁니까?

▶ 어휘: 주생활　【住生活】

집=주택	家＝住宅	아파트	マンション	단독주택	戸建住宅	집세	家賃	이사	引っ越し
(온돌)방	部屋	거실	居間	부엌	台所	화장실	トイレ	목욕탕	風呂
현관	玄関	계단	階段	문	扉	창문	窓	바닥	床
가구	家具	옷장	箪笥	서랍	引き出し	책장	本棚	상=식탁	テーブル
의자	椅子	침대	ベッド	소파	ソファー	커튼	カーテン	카펫	カーペット
이불	布団	베개	枕	방석	座布団	에어컨	エアコン	선풍기	扇風機
전자렌지	電子レンジ	냉장고	冷蔵庫	세탁기	洗濯機	청소기	掃除機	텔레비전	テレビ
집안일	家事	쓰레기	ゴミ	빨래	洗濯物	청소	掃除	설거지	食器洗い

▶ 어휘: 기본 동사

가다 行く	보다 見る	하다 する	배우다 習う
읽다 読む	오다 来る	먹다 食べる	일어나다 起きる
씻다 洗う	걷다 歩く	쓰다 書く、使う	목욕*하다* 風呂に入る
쉬다 休む	사다 買う	자다 寝る	운동*하다* 運動する
듣다 聞く	타다 乗る	살다 住む	청소*하다* 掃除する
만들다 作る	묻다 尋ねる	알다 知る	빨래*하다* 洗濯する
만나다 会う	마시다 飲む	놀다 遊ぶ	요리*하다* 料理する
모르다 知らない	부르다 呼ぶ、歌う	다니다 通う	시작*하다* はじめる

▌ 1. 例のように「ㅂ니다/ㅂ니까?」「습니다/습니까?」の文を作りましょう。

行く 갑니다. 가다 갑니까?	見る	する	習う
読む	来る	食べる	起きる
洗う	歩く	書く、使う	風呂に入る
休む	買う	寝る	運動する
聞く	乗る	住む	掃除する
作る	尋ねる	知る	洗濯する
会う	飲む	遊ぶ	料理する
知らない	呼ぶ、歌う	通う	はじめる

▌ 2. 例のように文を作りましょう。

例) 本を読む	가: 무엇을 합니까? 何をしますか。 나: 네. 책을 읽습니다. 本を読みます。
① 韓国語を習う	가:
	나:
② テレビをみる	가:
	나:
③ 新聞を読む	가:
	나:
④ カバンを買う	가:
	나:
⑤ メールを書く	가:
	나:

3. 例のように文を作りましょう。

例）	友達、勉強をする	**가:** 주말은 뭘 합니까?　週末は何をしますか。 **나:** <u>친구</u>와 <u>공부를</u> 합니다.　友達と勉強をします。

① 友達、韓国語を習う

가:

나:

② 父、掃除をする

가:

나:

③ 母、洗濯をする

가:

나:

④ 祖父、車に乗る

가:

나:

⑤ 祖母、運動をする

가:

나:

⑥ チカ、料理をする

가:

나:

4. 下記の語彙指しながら相手に聞いてみましょう。

家=住宅	マンション	戸建住宅	家賃	引っ越し	
部屋	リビング	台所	トイレ	お風呂	**가:** 뭘 합니까?
玄関	階段	扉=門	窓	床	
家具	衣装箪笥	引き出し	本棚	テーブル	**나:** _____을/를 청소합니다.
椅子	ベッド	ソファー	カーテン	カーペット	
布団	枕	座布団	エアコン	扇風機	
電子レンジ	冷蔵庫	洗濯機	掃除機	テレビ	
家事	ゴミ	洗濯	掃除	食器洗い	

5. 週末にすることを書きましょう。

제5과

오이타의 날씨는 어떻습니까?

🎧 대화문 【♪音声34　ゆっくり・普通】

최은빈	오이타의 날씨는 어떻습니까?
지카	여름은 많이 덥습니다. 습도도 높습니다.
최은빈	오이타는 남쪽에 있습니까?
지카	네. 그런데 서울의 겨울은 춥습니까?
최은빈	네, 많이 춥습니다. 롱패딩도 필요합니다.
지카	큰일입니다. 겨울 옷이 많이 없습니다.

▶ 어휘

-의	～の	습도	湿度	춥습니까?	寒いですか
날씨	天気	-도	～も	춥다 + 습니까?	
-은/는	～は	높습니다	高いです	롱패딩	ロングダウンコート
어떻습니까?	どうですか	높다 + 습니다		필요합니다	必要です
어떻다 + 습니까?		남쪽	南の方	필요하다 + ㅂ니다	
봄 - 여름 - 가을 - 겨울		-에	～(方向)に	큰일	大変、大事
	春夏秋冬	있습니까?	ありますか	-입니다	です
많이	沢山＝結構	있다 + 습니까?		옷	服
덥습니다	暑いです	네	はい	없습니다	ありません
덥다 + 습니다		그런데	ところで	없다 + 습니다	

▶ 조사

▶ ～の【省略可：所有・所属・属性・位置】

「-의」【省略不可：強調・比喩等】

【所有】·선생님의 가방　【属性】·오이타의 날씨
　　　　　先生のカバン　　　　　大分の天気

【所属】·오이타대학의 학생【位置】·책상의 위
　　　　大分大学の学生　　　　　　机の上

【強調】·서울의 대학　　【比喩】·침묵의 봄
　　　　ソウルの大学　　　　　　沈黙の春

▶ 助詞（空間的・時間的な位置）～に

「-에」

· 친구는 서울에 삽니다.(살다 + ㄹㅂ니다)
　　　　　友だちはソウルに住みます。

· 아침에 음악을 듣습니다.(듣다 + 습니다)
　　　　　朝（に）音楽を聞きます。

▶ 어휘: 위치 표현　【位置表現】

앞 前	뒤 後ろ	옆 横	곁 側
위 上	아래 下	밑 (物の)　下	가운데 真ん中
왼쪽 左側	오른쪽 右側	양쪽 両側	동서남북 東西南北
밖=바깥 外	겉 表	속 内、裏	안 中

▶ 어휘: 기본 형용사

싸다 安い	비싸다 (値)　高い	길다 長い	짧다 短い
덥다 暑い	춥다 寒い	뜨겁다 熱い	차갑다 冷たい
좋다 良い	나쁘다 悪い	많다 多い	적다 少ない
크다 大きい	작다 小さい	맛있다 美味しい	맛없다 不味い
멀다 遠い	가깝다 近い	어렵다 難しい	쉽다 易しい
높다 高い	낮다 低い	재미있다 面白い	재미없다 面白くない
무겁다 重い	가볍다 軽い	기쁘다 嬉しい	슬프다 悲しい
빠르다 速い	느리다 遅い	따뜻하다 暖かい	시원하다 涼しい
맑다 晴れる	흐리다 曇る	무덥다 蒸し暑い	쌀쌀하다 肌寒い

▶ 연습문제

▌1.　例のように「ㅂ니다/ㅂ니까?」「습니다/습니까?」の文を作りましょう。

安い　　　쌉니다 싸다　　　　　쌉니까?	(値)　高い	長い	短い
暑い	寒い	熱い	冷たい

良い	悪い	多い	少ない
大きい	小さい	美味しい	不味い
遠い	近い	難しい	易しい
高い	低い	面白い	面白くない
重い	軽い	嬉しい	悲しい
速い	遅い	暖かい	涼しい
晴れる	曇る	蒸し暑い	肌寒い

▌2. 例のように文を作りましょう。

例)　　大分 / 寒い / 暑い	가: <u>오이타는 춥습니까?</u>　<u>大分</u>は<u>寒い</u>ですか。 나: <u>아니요. 덥습니다.</u>　いいえ。<u>暑い</u>です。
① 夏休み / 長い / 短い	가: 나:
② 父 / 背が高い / 低い	가: 나:
③ 野菜 / (値段)高い / 安い	가: 나:
④ 日本語 / 易しい / 難しい	가: 나:
⑤ 性格 / 良い / 悪い	가: 나:
⑥ 宿題 / 多い / 少ない	가: 나:

▌3. 例のように文を作りましょう。

例)	韓国 / 日本の下 / 隣	가: 한국은 일본 밑에 있습니까? 韓国は日本の下にありますか。 나: 아뇨, 일본 옆에 있습니다. いいえ。日本の隣にあります。

① 椅子 / 机の下 / 側	가:
	나:

② 車 / マンションの左側 / 右側	가:
	나:

③ 人形 / ベッドの前 / 後ろ	가:
	나:

④ 鉛筆 / 机の上 / 筆箱の中	가:
	나:

⑤ トイレ / 風呂の中 / 外	가:
	나:

⑥ 釜山 / 西側 / 南側	가:
	나:

▌4. 下記の語彙を指しながら相手に聞いてみましょう。

安い	高い	長い	短い	暑い	寒い	가: 학교, 날씨, 한국, 일본, 김밥,,,
熱い	冷たい	良い	悪い	多い	少ない	_____은/는 어떻습니까?
大きい	小さい	美味しい	不味い	遠い	近い	나: _____ ㅂ/습니다.
難しい	易しい	重い	軽い	速い	遅い	
暖かい	涼しい	晴れる	曇る	蒸し暑い	肌寒い	

前	後ろ	横	側	外	가: 병원, 편의점, 은행, 가게,,,
上	下	(物の)下	真ん中	内	_____은/는 어디입니까?
左側	右側	両側	東西南北	中	나: _____ ㅂ/습니다.

▌5. 韓国について書きましょう。

휴일에 무엇을 하십니까?

🎧 대화문【♪音声35　ゆっくり・普通】

지카	선생님, 휴일에 무엇을 **하십니까**?
최선생님	글쎄요. 독서를 하거나 낮잠을 잡니다.
지카	낮잠도 **주무십니까**?
선생님	네. 요즘에는 꼭 잡니다.
지카	어디가 **편찮으십니까**?
선생님	아뇨. 단지 춘곤증입니다.
지카	그렇군요! 깜짝 놀랐습니다.

▶ 어휘

휴일	休日	낮잠을 자다		편찮으십니까?	具合が悪いですか
-에	(場所・時間)に		昼寝をする	편찮다 + 으시다 + ㅂ니까?	
하십니까?	なさいますか	주무십니까?	お休みになる	단지	ただ
하다 + 시다 + ㅂ니까?		주무시다 + ㅂ니까?		춘곤증	医学用語ではないが、春に眠たくなる症状を言う時の表現
글쎄요	さあ	요즘	最近、近頃		
독서	読書	-에는	～には		
하거나	したり	꼭	必ず	그렇군요	そうなんですね
하다 + 거나		= 반드시		그렇다 + 군요	
자다	寝る	어디가	どこ、どこか	깜짝 놀랐습니다	びっくりしました

▶ 문법 : 존댓말　【敬語】

▶ 一般形　　　　・하다 → 하시다　　　・읽다 → 읽으시다

-시 / -으시　　　・보다 → 보시다　　　・입다 → 입으시다

○ ㄹ変則(ㄹ脱落)	○ ㄷ変則(ㄷ → ㄹ)	○ ㅂ変則(ㅂ → 우)
・알다　→　아시다	・듣다 → 들으시다	・춥다 → 추우시다
・울다　→　우시다	・묻다 → 물으시다	・덥다 → 더우시다
・만들다 → 만드시다	・걷다 → 걸으시다	・돕다 → 도우시다

○ ㅎ変則 (ㅎ脱落)・그렇다 → 그러시다		○ ㅅ変則	・낫다 → 나으시다
(形容詞)　　　・어떻다 → 어떠시다		(ㅅ→으)	・붓다 → 부으시다

▶ **特殊形**：動詞　　　・죽다(死ぬ)　→　돌아가시다　・먹다(食べる)　→　드시다

・자다(寝る)　→　주무시다　・주다(あげる)　→　드리다　・마시다(飲む)　=잡수시다

・있다(いる)　→　계시다　・만나다(会う)　→　뵙다　・말하다(言う)　→　말씀하시다

・없다(いない)　→　안 계시다　・묻다(尋ねる)　→　여쭙다　・데려가다(連れて行く)　→
　　　　　　　　　　　　　　　　　　　　　　　　　　　모셔가다

▶ **特殊形**：名詞等		▶ **特殊形**：助詞	▶ **特殊形**：呼称
・밥(ご飯) → 진지	・말(言葉) → 말씀	・에게(~に) → 께	・사장(社長) → 사장님
・이 → 치아	・생일(誕生日)→생신	・이/가(~が)→께서	・선생(先生) → 선생님
・집 → 댁	・나이(年齢) → 연세	・은/는 (~は) →	・교수(教授) → 교수님
	・이름(名前) → 성함	께서는	
	=존함		

▶ 조사

▶ 並列・選択　~たり「**-거나**」　　○○다+거나 = ○○거나

・만화를 보다 / 게임을 하다　　　　　　　　・일을 하다 / 놀다
　　　　　漫画をみる / ゲームをする　　　　　　　　　　　　　仕事をする / 遊ぶ

・만화를 보거나 게임을 합니다.　　　　　　・일을 하거나 놉니다

▶ 어휘: 착용동사【着用動詞】

옷服, 셔츠シャツ, 스웨터セーター, 코트コート, 재킷ジャケット, 패딩 ダウンジャケット 원피스ワンピース, 정장(양복)スーツ, 속옷 下着 / 겉옷上着 치마スカート, 바지ズボン	입다 / 벗다 着る/脱ぐ	양말 靴下, 버선 伝統足袋 (덧버선 上足袋), 스타킹 ストッキング 신발 靴(구두 革靴, 운동화 運動靴, 슬리퍼 スリッパ, 부츠 ブーツ)	신다 / 벗다 履く/脱ぐ
모자 帽子, 안경 メガネ, 선그라스 サングラス, 마스크 マスク, 우산 傘	쓰다 / 벗다 かぶる、さす/ 外す	시계 腕時計, 목걸이 ネックレス , 팔찌 ブレスレット, 벨트 =혁대 革帯	차다 / 풀다 はめる、する /外す
장갑 手袋, 안경 , 선그라스, 마스크, 반지 指輪	끼다 / 빼다 はめる/外す	귀걸이 イヤリング, 목걸이, 목도리 マフラー(=두르다)	하다 / 풀다 する/外す
가방 カバン, 배낭 リュック	메다 担ぐ	넥타이 ネクタイ, 벨트 ・ベルト, 신발 끈 靴紐	매다 / 풀다 締める/外す
가방 , 핸드백 ハンドバック	들다 持つ		

● 연습문제

▌1. 例のように敬語の文を作りましょう。

行く　　　がしだ がだ　　　가십니다	見る	する	習う＝学ぶ
読む	来る	食べる	起きる
洗う	歩く	書く、使う	風呂に入る
休む	買う	寝る	運動する
聞く	乗る	住む	掃除する
作る	尋ねる	知る	洗濯する
会う	飲む	遊ぶ	料理する
知らない	呼ぶ	通う	歌う
笑う **웃다**	泣く **울다**	座る **앉다**	生じる / できる **생기다**
着る	履く	かぶる	はめる
担ぐ	持つ	締める	外す

▌2. 例のように敬語で文を作りましょう。

例） スーツを着る	가: 선생님께서는 무엇을 하십니까? 先生は何をなさいますか。 나: <u>정장(양복)을 입으십니다.</u>　　　<u>スーツをお召になります。</u>
① 服を着る	가: 나:
② 靴を履く	가: 나:
③ 手袋をはめる	가: 나:

④ ズボンを履く	가:
	나:
⑤ リュックを担ぐ	가:
	나:

▌ 3. 例のように文を作りましょう。

例）	（お父さんは）日曜日 友達と遊ぶ / 勉強をする	가: <u>일요일에 무엇을 하십니까?</u> 日曜日に何をなさいますか。 나: <u>친구와 노시거나 공부를 하십니다.</u> 友達と遊んだり勉強をなさいます。
① 月曜日 仕事をする / 手紙を書く		가: 나:
② 火曜日 掃除をする / 洗濯をする		가: 나:
③ 水曜日 料理をする / 運動をする		가: 나:
④ 木曜日 歌を歌う / 本を読む		가: 나:
⑤ 金曜日 ご飯を食べる / お酒を飲む		가: 나:

▌ 4. 下記の語彙を指しながら相手に聞いてみましょう。

服	スーツ	下着	上着	ズボン	가: 무엇을 하십니까?
靴下	伝統足袋	靴	運動靴	帽子	나: ＿＿＿＿＿＿＿＿＿＿니다.
メガネ	マスク	時計	ネックレス	手袋	
指輪	イヤリング	マフラー	リュック	ネクタイ	

▌ 5. 父と母が週末にすることを敬語で書きましょう。

제7과

이분은 누구예요?

🎧 **대화문【♪音声36　ゆっくり・普通】**

지카	이 사진이 영수 씨 거예요?
김영수	네, 제 것이에요.
지카	이분은 정말 미인이네요. 어머니예요?
김영수	아니에요. 고모예요. 아버지 동생이에요.
지카	고모님 앞의 여자아이는 누구예요? 중학생이에요?
김영수	고모 딸이에요. 초등학생이에요.
지카	와! 고모보다 키도 크네요. 영수 씨 친척은 다 미남 미녀네요.

▶ **어휘**

제 = 저의	私の	네요 / 이네요	～ですね！	중학생	中学生
거 = 것	もの、こと		(感嘆・納得)	초등학생	小学生
-(받침✕)예요	-です(か)	누구	誰	딸	娘
-(받침○)이에요	-です(か)	고모 < 고모님	父方の女兄弟	친척	親戚
예 > 네	はい	동생	年下の兄弟姉妹	키	背、身長
분 > 사람	方>人	앞, 뒤, 옆	前、後、横	크네요	(背)高いですね
정말 = 진짜	本当に	여자	女	크다 + 네요	
미인	美人	아이 = 애	子ども	다 = 전부	すべて、全部、皆
아니에요	違います	-보다	～より	미남　미녀	実男子美女
아니다+에요		사진	写真	어머니	お母さん

▶ **문법 : 비격식체 종결어미【非格式体終結語尾】**　▶ **의문 대명사【疑問代名詞】**

▶ 名詞＋です / ですか（説明・疑問）	▶ 誰 **누구**
【格式体 : -입니다 / 입니까?】	(主格助詞「가」が付くと「누가」)
非格式体 : 이다　/ 아니다 + **에요**	가 : 누구를　만납니까?
・名詞＋　　(받침有) **이에요**.？ / 　(받침有) **예요**.？	誰に会いますか。
	나 : 동생을 만납니다.
	弟（妹）に会います。

가 : 언니예요?	가 : 동생이에요?	가 : 누가　학생이에요?
姉ですか。	弟（妹）ですか。	誰が学生ですか。
나 : 아뇨, 이모예요.	나 : 동생이 아니에요.	나 : 저 남자예요.
いいえ.イモ（母の姉妹）です。	弟（妹）ではありません。	あの男です。

▶ 숙어

▶ ~が良い	▶ ~が好き
-가 좋다 / -이 좋다	**-를 좋아하다 / -을 좋아하다**
가 : 과자가 좋습니까? 　　お菓子が良いですか。 나 : 사탕이 좋습니다. 　　飴が良いです。	가 : 고기를 좋아합니까? 　　肉が好きですか。 나 : 생선을 좋아합니다. 　　魚が好きです。

▶ 조사

▶ 副詞格助詞　~より（比較）

-보다

• 형보다 키가 큽니다.
　　　　兄より背が高いです。
• 한국보다 교통비가 비쌉니다.
　　　　韓国より交通費が高いです。

▶ 인칭대명사　【人称代名詞】

인칭	단수		복수
1	나＜저　　　　내=나의＜제=저의 わたし＜わたくし　　내가＜제가(~が)		우리(들)　저희(들)
2	너　네＜너의.　당신　자네 お前　네가　あなた　きみ		너희(들)　당신들　자네들
3	그/그녀　　　　彼／彼女 그 사람(분)　　その人(方) 그 남자 / 그 여자　その男／その女		그들/그녀들 그 사람들(그 분들) 그 남자들/그 여자들
さん　씨 김지혁 씨　　민아 씨		(받침有)아 지혁아	(받침無)야 민아야	저기요 / 여기요

▶ 어휘: 가족 및 친척의 호칭

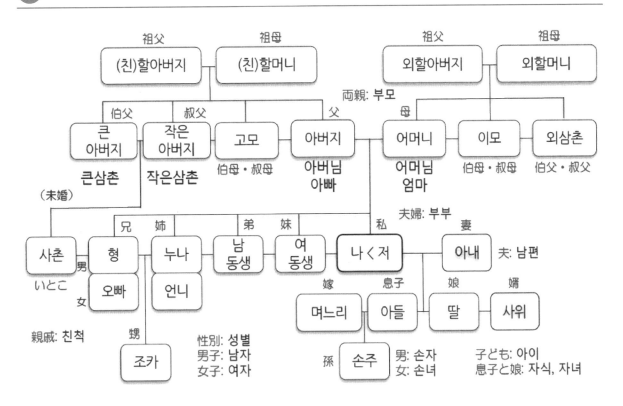

연습문제

▎1. 例のように文を作りましょう。

例)	この人 / 祖父	가: <u>이 사람은</u> 누구예요? <u>この人</u>は誰ですか。
		나: 우리 <u>할아버지</u>예요. 私の<u>祖父</u>です。

① この人、祖母

　　가:

　　나:

② その人、父

　　가:

　　나:

③ あの人、母

　　가:

　　나:

④ この女、母の妹

　　가:

　　나:

⑤ その男、父の兄

　　가:

　　나:

▎2. 例のように文を作りましょう。

例)	父 / 母	가: <u>아버지</u>가 제일 좋습니까? <u>父</u>が一番好きですか。
		나: <u>어머니</u>를 제일 좋아합니다. <u>母</u>が一番好きです。

① 父の妹 / 母の妹

　　가:

　　나:

② 祖父 / 祖母

　　가:

　　나:

③ （男）兄 / 姉

　　가:

　　나:

④ （女）兄 / 姉

　　가:

　　나:

⑤ 弟 / 妹

　　가:

　　나:

▌3. 例のように文を作りましょう。

例）	誰が背が高い、ママ / パパ	가: 누가 키가 큽니까?　誰が（背が）高いですか。 나: 엄마보다 아빠가 큽니다. ママよりパパが高いです。
①	誰が面白い、伯父さん / 叔母さん	가: 나:
②	誰の体重が重い、姉 / 兄	가: 나:
③	誰のご飯が多い、妻 / 夫	가: 나:
④	誰の足が速い、妹 / 弟	가: 나:
⑤	どこが遠い、大阪 / 東京	가: 나:
⑥	何が美味しい、うどん / ラーメン	가: 나:
⑦	誰の性格が良い、息子 / 娘	가: 나:

▌4. 下記の語彙を指しながら相手に聞いてみましょう。

祖父	祖母	伯父さん	叔父さん	伯母さん	가: 누가＿＿＿＿＿니까?
父	母	パパ	ママ	叔母さん	
従兄弟	兄	姉	弟	妹	나: ＿＿＿＿＿＿＿＿니다.
妻	夫	息子	娘	嫁、婿	

▌5. 家族や親戚を紹介してみましょう。

제8과

너무 배고파요.

김혜진	점심시간이에요. 너무 배고파요.
지카	그럼 같이 점심 먹어요. 근데 어디에서 먹어요?
김혜진	음,,, 오늘은 학교 앞 분식점에서 먹어요.
지카	거기는 뭐가 맛있어요?
김혜진	불고기김밥이 정말 맛있어요.
지카	빨리 가요. 그런데 떡볶이하고 순대도 있어요?

▶ 어휘

점심시간	昼の時間	어디	どこ	여기-거기-저기	
	＝昼食の時間	-에서	～(場所)で		ここ － そこ － あそこ
-예요 / 이에요	名詞＋です	뭐 ＝ 무엇	何	불고기김밥	ブルゴギキンパ
배고파요	お腹すきました	음,,,	さあ～	맛있어요?	美味しいですか
배고프다 + ㅏ요		분식	粉食＝軽食	맛있다 + 어요?	
그럼 〈 그러면	ではく それでは	小麦粉等の粉で作った食べ物		정말	本当に
같이 ＝ 함께	一緒に	又、軽く食べれる食事の意味もある		빨리	速く
점심	昼、昼食	앞, 뒤, 옆	前、後、横	가요	行きましょう
먹어요	食べましょう	분식점	軽食店	가다 + 아요	
먹다 + 어요		뭐 ＝ 무엇	何	있어요?	ありますか
그런데 ＝ 근데	ところで	오늘	今日	있다 + 어요?	
-은/는	～は	-이/가	～が	-도	～も

▶ 조사

▶ (場所) ～で 「~에서」	▶ ～と 「-하고 ＝ -랑 / 이랑 ＝ -와 / 과」
・도서관에서 책을 읽어요.	・누구하고(랑) 놀아요?
図書館で本を読みます。	誰と遊びますか。
・집에서 혼자 밥을 먹어요.	・선생님하고(이랑) 영화를 봐요.
家で一人でご飯を食べます。	先生と映画をみます。

▶ 文法〈用言の親しみのある終結語尾① ～です・ます 叙述・疑問・勧誘〉

【語幹にパッチムがある場合】				【語幹にパッチムがない場合】			
動詞・形容詞の語幹 ＋ **아요**／어요				動詞・形容詞の語幹 ＋ **아요**／어요			
○●＋다＋**아요** 母音が ㅏㅗ		○●＋다＋어요 母音が ㅏㅗ以外		○○＋다＋**아요** 母音が ㅏㅗ		○○＋다＋어요 母音が ㅏㅗ以外	
찾다	⇒찾아요	먹다	→먹어요	가다	⇒가요	서다	⇒서요
놓다	⇒놓아요	넓다	→넓어요	오다	⇒와요	외우다	⇒외워요
알다	⇒알아요	있다	→있어요				
같다	⇒같아요	없다	→없어요	보다	⇒보아요=봐요	쉬다	⇒쉬어요
좋다	⇒좋아요	젊다	→젊어요	되다	⇒되어요=돼요	내다	⇒내어요=내요
괜찮다	⇒괜찮아요	힘들다	→힘들어요				

【ㅡ変則】ㅡ다 ⇒ ㅓ요／ㅏ요				【ㅣ変則】ㅣ다 ⇒ ㅕ요 ＝ 어요			
바쁘다	→바ㅃㅏ요	⇒바빠요		마시다	→마ㅅㅕ요	⇒마셔요	
쓰다	→ㅆㅓ요	⇒써요		지다	→ㅈㅕ요	⇒져요	

▶ 語彙: 음식 차림표

식사류 食事類	볶음밥 焼き飯	비빔밥 ビビンパ	돌솥비빔밥 石焼ビビンバ
제육덮밥 豚丼	된장찌개 味噌鍋	김치찌개 キムチ鍋	순두부찌개 スンドゥブチゲ
별미류 珍味類	콩국수 豆乳麺	냉면 冷麺	오징어덮밥 イカ炒め丼
분식 粉食	라면 ラーメン	떡라면 餅ラーメン	만두라면 餃子ラーメン
칼국수 手打ちうどん	떡국 餅スープ	만두국 餃子スープ	떡만두국 餅餃子スープ
쫄면 しこしこ麺	잔치국수 入麺	비빔국수 ビビン麺	떡볶이 トッポギ
간식류 おやつ類	순대 豚腸詰め	라볶이 ラポギ	불고기김밥 プルゴギキンパ
음료수 飲料水	김밥 キンパ	참치김밥 ツナキンパ	소고기김밥 牛肉キンパ
물 水	단무지 たくあん	셀프 セルフ	오뎅국물 おでん汁

▶ 연습문제

▌ 1. 「-아요/어요」体で書きましょう。

가다	보다	주다	배우다
읽다	오다	먹다	일어나다
씻다	찾다	쓰다	돌아가다
쉬다	사다	자다	돌아오다
받다	타다	살다	데려가다
만들다	켜다	알다	데려오다
만나다	끄다	놀다	나타나다
걸리다	팔다	날다	다니다
웃다	울다	앉다	생기다
입다	신다	메다	마시다
차다	들다	끼다	가르치다

▌ 2. 例のように文を作りましょう。

例） ご飯を食べる / 家	가: 어디에서 <u>밥을 먹어요</u>?　どこで<u>ご飯を食べ</u>ますか。 나: <u>집</u>에서 <u>먹어요</u>.　　　　<u>家</u>で<u>食べ</u>ます。
① 本を読む / 図書館	가: 나:
② コービーを飲む / カフェ	가: 나:
③ 友だちに会う / 大分駅	가: 나:
④ 遊ぶ / 公園	가: 나:
⑤ 映画をみる / 劇場	가: 나:

3. 例のように文を作りましょう。

例)	本を見る、図書館 / 友達	**가**: 어디에서 누구하고 책을 봐요? どこで誰と本をみますか。 **나**: 도서관에서 친구하고 책을 봐요. 図書館で友だちと本をみます。
① 住む、ソウル / 家族	**가**:	
	나:	
② 韓国語を習う、学校 / 友達	**가**:	
	나:	
③ 本を読む、教室 / 先生	**가**:	
	나:	
④ 地下鉄に乗る、ソウル / 父	**가**:	
	나:	
⑤ 笑う、台所 / 母	**가**:	
	나:	
⑥ 体を洗う、温泉 / 弟(妹)	**가**:	
	나:	
⑦ 服を買う、市場 / 兄	**가**:	
	나:	

4. 下記の語彙を指しながら相手に聞いてみましょう。

焼き飯	ビビンパ	豚丼	味噌鍋	キムチ鍋	**가**: 식당에서 뭐 먹어요?
イカ炒め丼	冷麺	ラーメン	手打ちうどん	スンドゥブチゲ	**나**: ____하고____ 먹어요?
トッポギ	豚腸詰め	キンパ	ラポギ	餅餃子スープ	**가**: 뭐가 맛있어요?
豆乳麺	餅スープ	ツナキンパ	牛肉キンパ	粉食	**나**: ____하고____가 맛있어요.

5. 週末にすることを書いてみましょう。

여름에도 온천을 해요?

🎧 **대화문 【♪音声38　ゆっくり・普通】**

김사랑	온천을 좋아해요?
지카	그럼요. 우리 고향에서는 거의 매일 온천을 해요.
김사랑	진짜요? 여름에도 온천을 해요?
지카	네, 고향 집에 온천이 나와요.
	그런데 한국의 온천은 어디가 유명해요?
김사랑	온양온천이요. 여기에서 가까워요.
지카	그럼 주말에 같이 가요.

▶ **어휘**

온천	温泉	해요	します	유명해요	有名です
좋아해요?	好きですか	하다 + 해요		유명하다 + 해요	
좋아하다 + 해요		진짜요	本当ですか	온양	(地名)
요 / 이요	です、ですか	여름	夏	여기에서	ここから
(親しみのある丁寧語=縮約語)		-에도	〜にも	가까워요	近いです
그럼요	そうです＝勿論です	나와요	出ます	가깝다 + ㅂ워요	
우리 고향	我が故郷	나오다 + 아요		같이	一緒に
-에서는	〜では	그런데	ところで	＝ 함께	
거의	ほぼ	어디	どこ	가요	行きます
매일	毎日	-요/-이요	〜です	가다 + 아요	

▶ **종결어미 (「-예요/이에요」は完全な文、「-요/이요」はしょった（不完全な）文)**

▶ **-요. / -(이)요.**　(質問に簡略に答える)　　▶ **-요? / -이요?**　(確認、驚き、聞き返し)

가 : 뭐가 맛있어요?	가 : 누가 학생이에요?	가 : 그게 1억원이에요.	가 : 민우는 재벌이에요.
何が美味しいですか。	誰が学生ですか。	それが1億円です。	ミヌは財閥です。
나 : 김밥이요.	나 : 저요.	나 : 이게요?	나 : 진짜요?
キンパです。	私です。	これがですか。	本当ですか。

▶ 文法〈用言の親しみのある終結語尾② 変則 ～です、～ます〉

【する動詞】하다 ⇒ **해요**				【르変則】르 ⇒ ㄹ라요 / ㄹ러요			
취하다	⇒취해요	공부하다	⇒공부해요	자르다	⇒잘라요	모르다	⇒몰라요
시작하다	⇒시작해요	운동하다	⇒운동해요	부르다	⇒불러요	흐르다	⇒흘러요
걱정하다	⇒걱정해요	전화하다	⇒전화해요	例外) 푸르다 ⇒푸르러요, 이르다 ⇒이르러요			

【ㅅ変則】ㅅ脱落(母音の整理はしない)				【ㄷ変則】ㄷ ⇒ ㄹ아요 / ㄹ어요			
낫다	⇒나아요	붓다	⇒부어요	걷다	⇒걸어요	듣다	⇒들어요
짓다, 젓다, 긋다, 잇다,,,				묻다	⇒물어요	깨닫다	⇒깨달아요

【ㅎ変則】ㅎ脱落(ㅏ/ㅓ⇒ㅐ요, ㅑ/ㅕ⇒ㅒ요)				【ㅂ変則】ㅂ ⇒ 우어요=**워요** / 오아요=**와요**			
이렇다	⇒이래요	그렇다	⇒그래요	무섭다	→무서우어요	⇒무서워요	
저렇다	⇒저래요	어떻다	⇒어때요	괴롭다	→괴로우어요	⇒괴로워요	
노랗다	⇒노래요	햐얗다	⇒하얘요	돕다(単音節)	→도오아요	⇒도와요	
形容詞のみだが、例外は「좋다」				例外) 좁다, 수줍다, 입다, 뽑다, 업다, 잡다...			

▶ 부사【頻度を表す副詞】

언제나	자주	가끔	거의	전혀
いつも	頻繁に	時々	ほぼ	全く

▶ 부사【様態を表す副詞】

매우	아주	너무	꽤
とても	とても	とても	かなり
정말	진짜	반드시	꼭
本当に	本当に	必ず	必ず
같이	함께	빨리	천천히
一緒に	一緒に	速く	ゆっくり
많이	조금	매일	먼저
沢山=結構	少し	毎日	先に
지금	별로	열심히	혼자(서)
今	あまり	一生懸命	一人で

▶ 연습문제

1. 「-아요/어요」体で書きましょう。

덥다	어렵다	가볍다	돕다
어둡다 暗い	귀엽다 可愛い	더럽다 汚い	즐겁다 楽しい
빠르다	기르다	다르다 違う	배부르다 満腹だ
낫다	붓다	짓다	긋다
걷다	듣다	묻다	깨닫다
싣다	편하다 楽だ	편리하다 便利だ	깨끗하다 綺麗だ
불편하다 不便だ	강하다 強い	약하다 弱い	피곤하다 疲れる
이상하다 おかしい	미안하다 済まない	비슷하다 似ている	조용하다 静かだ
이렇다 こうだ	그렇다 そうだ	저렇다 ああだ	어떻다 どうだ
빨갛다 赤い	파랗다 青い	노랗다 黄色	하얗다 白い

2. 例のように文を作りましょう。

例） 大分の天気 / 結構暑い	가: <u>오이타의 날씨는</u> 어때요? <u>大分の天気</u>はどうですか。 나: <u>많이 더워요.</u> <u>結構暑い</u>です。

① 英語の文法 / かなり難しい   **가:**

           나:

② ガールフレンド / とても可愛い   **가:**

           나:

③ 先生のカバン / 軽い   **가:**

           나:

④ 東京の地下鉄 / 少し不便だ   **가:**

           나:

3. 例のように文を作りましょう。

例）

大分は温泉がとても良い	가: 오이타는 온천이 아주 좋아요.
	大分は温泉がとても良いです。
	나: 온천이요?
	温泉ですか。

① 来年 / 家を建てる	② 仔犬を飼う
가:	가:
나:	나:
③ 大分は交通が不便だ	④ チカは顔が赤い
가:	가:
나:	나:

4. 例のように文を作りましょう。

例）

| 민우는 誰と似ている / BTS지민 | 가: 민우는 누구하고 비슷해요? ミヌは誰に似ていますか。 |
| | 나: BTS 지민이요. BTSのジミンです。 |

① 靴は何が楽だ / 運動靴	가:
	나:
② 発音はどこがおかしい / パッチム	가:
	나:
③ 韓国はどこが不便だ / トイレ	가:
	나:
④ 先生は何が弱い / お酒	가:
	나:

5. 下記の語彙を指しながら相手に聞いてみましょう。

暗い	可愛い	汚い	楽しい	違う	가: ○○는/은 어때요?
満腹だ	治る	建てる	歩く	気づく	
楽だ	便利だ	綺麗だ	強い	疲れる	나: ○○는/은 ○○ 아/어요.
おかしい	似ている	静かだ	青い	白い	

6. 大学生活、東京、家族はどうかを書いてみましょう。

무슨 일 생겼어요?

🎧 **대화문【♪音声39　ゆっくり・普通】**

지카	사랑 씨는 어디에 **있어요?**
최민식	어제 저녁에 경주에 **갔어요.**
지카	경주요? 왜 갑자기 **갔어요?** 무슨 일 **생겼어요?**
최민식	사랑 씨 아버님께서 입원하셨어요.
	그래서 병문안을 하러 **갔어요.**
지카	아,,,그랬군요,,, 그런데 경주는 대구보다 멀어요?
최민식	네, 조금 멀어요.

▶ **어휘**

-에	～(方向)に	무슨 일	何のこと	하러	しに
있어요?	いますか	생겼어요?	できましたか	하다 + 러	
있다 + 어요		생기다 + ㅕ요 + ㅆ어요		그랬군요	そうだったですね
어제 저녁	昨日の夕方	아버님 > 아버지	お父様	그렇다 + ㅎㅐ요 + ㅆ군요	
경주	慶州(地名)	-께서	～が(敬語)	그런데	ところで
갔어요	行きました	입원하셨어요	入院なさいました	대구	大邱(地名)
가다 + 아요 + ㅆ어요		입원하다 + 시 + ㅕ요 + ㅆ어요		-보다	～より
-(이)요?	～ですか(驚き)	그래서	それで	멀어요	遠いです
왜	なぜ	병문안	お見舞い	멀다 + 어요	
갑자기	急に			조금	少し

▶ **접속어미【動作の目的：～しに　＋　行く、来る等】**

~러 / ~으러		・하다	⇒하러	・먹다	⇒먹으러	・배우다	⇒배우러
【ㄷ変則→ㄹ】		【ㅂ変則→우】		【ㅅ脱落→으러】		【ㄹ無視→러】	
・걷다	⇒걸으러	・돕다	⇒도우러	・낫다	⇒나으러	・놀다	⇒놀러
・듣다	⇒들으러	・굽다	⇒구우러	・붓다	⇒부으러	・살다	⇒살러
・묻다	⇒물으러	・눕다	⇒누우러	・짓다	⇒지으러	・알다	⇒알러

·알다	알아요	+ ㅆ어요	⇒	알았어요	·가다	가요	+ ㅆ어요	⇒	갔어요
·좋다	좋아요	+ ㅆ어요	⇒	좋았어요	·오다	와요	+ ㅆ어요	⇒	왔어요
·읽다	읽어요	+ ㅆ어요	⇒	읽었어요	·서다	서요	+ ㅆ어요	⇒	섰어요
·먹다	먹어요	+ ㅆ어요	⇒	먹었어요	·배우다	배워요	+ ㅆ어요	⇒	배웠어요

【ㅣ変則】ㅣ다 → ㅕ요					【ㅡ変則】ㅡ다 → ㅏ요 / ㅓ요				
·마시다	마셔요	+ ㅆ어요	⇒	마셨어요	·바쁘다	바빠요	+ ㅆ어요	⇒	바빴어요
·이기다	이겨요	+ ㅆ어요	⇒	이겼어요	·쓰다	써요	+ ㅆ어요	⇒	썼어요

【르変則】르다 → ㄹ라요 / ㄹ러요					【する動詞】하다 → 해요				
·빠르다	빨라요	+ ㅆ어요	⇒	빨랐어요	·하다	해요	+ ㅆ어요	⇒	했어요
·부르다	불러요	+ ㅆ어요	⇒	불렀어요	·취하다	취해요	+ ㅆ어요	⇒	취했어요

【ㅅ脱落】ㅅ다 → 아요 / 어요					【ㅎ脱落】ㅎ다 → ㅐ요 / ㅐ요				
·짓다	지어요	+ ㅆ어요	⇒	지었어요	어떻다	어때요	+ ㅆ어요	⇒	어땠어요
·젓다	저어요	+ ㅆ어요	⇒	저었어요	·하얗다	하얘요	+ ㅆ어요	⇒	하얬어요

【ㄷ変則】ㄷ다 → ㄹ아요 / ㄹ어요					【ㅂ変則】ㅂ다 → 워요 / 와요				
·걷다	걸어요	+ ㅆ어요	⇒	걸었어요	·춥다	추워요	+ ㅆ어요	⇒	추웠어요
·듣다	들어요	+ ㅆ어요	⇒	들었어요	·돕다	도와요	+ ㅆ어요	⇒	도왔어요

【名詞：パッチムなし】였다 → 였어요		【名詞：パッチムあり】이었다 → 이었어요	
·학교이다	→ 학교였어요	·도서관이다	→ 도서관이었어요

▶ **형용사**

귀엽다 可愛い	더럽다 汚い	다르다 違う	아프다 痛い、病気だ
즐겁다 楽しい	편하다 楽だ	편리하다 便利だ	깨끗하다 綺麗だ
불편하다 不便だ	강하다 強い	약하다 弱い	피곤하다 疲れる
이상하다 おかしい	미안하다 済まない	비슷하다 似ている	조용하다 静かだ
이렇다 こうだ	그렇다 そうだ	저렇다 ああだ	어떻다 どうだ
빨갛다 赤い	파랗다 青い	노랗다 黄色	하얗다 白い
까맣다 黒い	**예쁘다** きれいだ	어둡다 暗い	**부끄럽다** 恥ずかしい

연습문제

1. 「-아요/어요」体で書きましょう。

	아/어요	ㅆ어요		아/어요	ㅆ어요		아/어요	ㅆ어요
생기다			받다			일하다		
돕다			짓다			배우다		
알다			부르다			강하다		
아프다			깨닫다			서두르다		
까맣다			하얗다			어떻다		
좋다			입다			귀엽다		
좁다			모르다			기다리다		
이렇다			그렇다			저렇다		
예쁘다			파랗다			부끄럽다		

2. 例のように文を作りましょう。

例)	日曜日 / 友達と遊んだ	가: 일요일에 뭐 했어요?　日曜日に何をしましたか。 나: 친구하고 놀았어요.　友だちと遊びました。
①	月曜日、お酒を飲んだ	가: 나:
②	火曜日、会社で仕事した	가: 나:
③	水曜日、カラオケで歌を歌った	가: 나:
④	木曜日、風邪薬を飲んだ	가: 나:
⑤	金曜日、韓国語試験を受けた	가: 나:

▌3. 例のように文を作りましょう。

例)	駅 / 服を買う	**가:** 역에 뭐하러 가요? 駅に何をしに行きますか。 **나:** 옷을 사러 가요.　服を買いに行きます。
① ソウル / ショッピングをする	**가:**	
	나:	
② 博多 / ラーメンを食べる	**가:**	
	나:	
③ イギリス / 英語を学ぶ	**가:**	
	나:	

▌4. 例のように文を作りましょう。

例)	大邱旅行 / とても楽しかった	**가:** 대구 여행은 어땠어요? 大邱旅行はどうでしたか。 **나:** 매우 즐거웠어요.　とても楽しかったです。
① 釜山の天気 / かなり暑かった	**가:**	
	나:	
② ソウルの地下鉄 / 本当に便利だった	**가:**	
	나:	
③ 先生の娘 / 結構可愛かった	**가:**	
	나:	

▌5. 下記の語彙を指しながら相手に聞いてみましょう。

可愛い	汚い	違う	満腹だ	白い	**가:** ○○는/은 어땠어요?
楽しい	楽だ	便利だ	綺麗だ	黒い	
不便だ	強い	弱い	疲れる	暗い	**나:** ○○는/은 ○○ ㅆ어요.
おかしい	済まない	似ている	静かだ	恥ずかしい	

▌6. 昨年の旅行（生活等）はどうだったかを書いてみましょう。

집에 택시로 가고 있어요.

🎧 **대화문【♪音声40　ゆっくり・普通】**

지카	여보세요? 현아 씨? 저 지카예요.
조현아	아! 지카 씨 무슨 일이에요?
지카	지금 뭐해요? 저녁 먹었어요?
조현아	지금이요? 저녁 준비하**고 있어요.**
지카	벌써요? 지금 현아 씨 집에 택시**로** 가**고 있어요.**
	조금만 기다려요. 같이 먹어요.
조현아	네. 천천히 오세요.

▶ **어휘**

여보세요?	もしもし	먹었어요?	食べましたか	택시	タクシー
		먹다 + 어요 + ㅆ어요		-로 / -으로	～(手段)で
저 〉 나	私 〉 俺	지금이요?	今ですか	가고 있어요	行っています
무슨 일	何のこと	지금 + 이요?		가다 + 고 있다 + 어요	
지금	今	저녁 준비	夕食の支度	조금만	少しだけ
뭐해요?	何しますか	준비하고 있어요	準備しています	기다려요	待って下さい
뭐하다 + 해요?		준비하다 + 고 있어요		기다리다 + ㅕ요	
저녁	夕、夕食	벌써요?	もうですか(早い)	오세요	来て下さい
같이	一緒に	천천히	ゆっくり	오다 + 세요	

▶ **조사**

▶ 副詞格助詞	・제주도에 배로 가요.	・인터넷으로 쇼핑합니다.
【手段：～で】	チェジュ島に船で行きます。	インタネットでショッピングします。
-로 / 으로　【ㄹ無視】	・학교에 지하철로 갑니다.	学校に地下鉄で行きます。

동작의 진행과 유지: 動作の進行と持続 【～ている】

【動作】動作をしている途中「主に動作動詞」 ○○다 + **고 있다** (있어요 / 있습니다)	【状態】動作後状態の持続「主に状態動詞」 ○○다 + **아/어 있다** (있어요 / 있습니다)
・가다 + 고 있다 ⇒ 가고 있어요 ・서다 + 고 있다 ⇒ 서고 있어요 ・앉다 + 고 있다 ⇒ 앉고 있어요 例外) 着用動詞 + 고 있다 = 状態 　(쓰다, 입다, 신다, 차다,,,)	・가다 + 가요 있다　⇒ 가 있어요 ・서다 + 서요 있다　⇒ 서 있어요 ・앉다 + 앉아요 있다 ⇒ 앉아 있어요 例) 살다, 남디, 켜다, 피다, 붙다, 열리다, 　걸리다, 쓰이다, 놓이다...

 어휘: 시간

평일 平日	아침 朝	점심 昼	저녁 夕
일/날 日	어제 昨日	오늘 今日	내일 明日
요일 曜日	지난주 先週	이번 주 今週	다음 주 来週
달/월 月	지난달 先月	이번 달 今月	다음 달 来月
년/해 年	작년 昨年	금년=올해 今年	내년 来年
주말 週末	오전/오후 午前 / 午後	낮/밤 昼 / 夜	휴일 休日

 어휘: 이동수단

도보=걷기 徒歩	전철 電車	개인택시 個人タクシー	모범택시 模範タクシー
승용차 乗用車	지하철 地下鉄	고속버스 高速バス	구급차 救急車
차 車	기차 汽車	배 船	경찰차 警察車
경차 軽車	KTX (高速列車)	여객선 旅客船	유람선 遊覧船
비행기 飛行機	오토바이 オートバイ	스쿠터 スクーター	자전거 自転車

▶ 연습문제

▌ 1. 例のように文を作りましょう。

	学校で勉強する	가: 뭐 하고 있어요? 何をしていますか。
例)		나: 학교에서 공부하고 있어요. 学校で勉強しています。
①	会社で仕事する	가:
		나:
②	図書館で本を読む	가:
		나:
③	運動場で歩く	가:
		나:
④	駅の前で友達に会う	가:
		나:
⑤	風呂(場)で洗う	가:
		나:

▌ 2. 例のように文を作りましょう。

	明日、学校 / バス	가: 내일 학교에 어떻게 가요?
例)		明日学校にどうやって行きますか。
		나: 버스로 가요. バスで行きます。
①	明日、会社 / 車	가:
		나:
②	来週、大分空港 / 高速バス	가:
		나:
③	今月、韓国 / 飛行機	가:
		나:
④	来月、病院 / 救急車	가:
		나:
⑤	午後、市内 / 電車	가:
		나:

3. 例のように文を作りましょう。

例)	学校に行く	**가:** 혜리는 뭐 하고 있어요? ヘリは何をしていますか。
		나: <u>학교에</u> <u>가</u> 있어요.　学校に行っています。
① 家に来る		**가:**
		나:
② 教室に残る		**가:**
		나:
③ 椅子に座る		**가:**
		나:

4. 例のように文を作りましょう。

例)	部屋に灯りが付く	**가:** <u>방에 불이 켜</u> 있어요? 部屋に灯りが付いていますか。
		나: 네, <u>켜</u> 있어요.　はい。<u>付い</u>ています。
① 部屋に窓が開かれる		**가:**
		나:
② ベランダーに花が咲く		**가:**
		나:
③ 部屋に帽子がかかる		**가:**
		나:

5. 下記の語彙を指しながら相手に聞いてみましょう。

朝ー昼ー夕	昨日ー今日ー明日		先月ー今月ー来月		月-火-水-木-金-土-日曜日	
週末	先週ー今週ー来週		昨年ー今年ー来年		午前／午後	昼／夜
徒歩	電車	タクシー	地下鉄	高速バス	**가:** ○○는/은 뭐 하고 있어요?	
車	船	旅客船	遊覧船	KTX		
軽車	飛行機	オートバイ	スクーター	自転車	**나:** ○○는/은　○○　어요.	
救急車	警察車	乗用車	汽車	模範タクシー		

6. 過去形を使って日記（どこで、誰と、何をした）を書きましょう。

제12과

여기에서 얼마나 걸려요?

이소영	한국 생활은 어때요?
지카	아주 즐거워요. 그런데 집에 책상하고 의자가 없어요.
이소영	그럼 지금 가구할인매장에 사러 가요.
지카	그래요? 얼마예요? 많이 싸요?
이소영	네. 저는 105,000 원에 샀어요. 아마 40 퍼센트 할인이었어요.
지카	진짜예요? 여기에서 매장까지 얼마나 걸려요?
이소영	차로 약 20 분 걸려요.

▶ 어휘

생활	生活	사러	買いに	아마	多分
어때요?	どうですか	사다 + 러		사십퍼센트	40%
어떻다 + ㅎ ㅣ 요?		가요	行きます	할인	割引
즐거워요	楽しいです	가다 + 아요		진짜	本当に
즐겁다 + ㅂ워요		그래요?	そうですか	-에서	〜から
그런데	ところで	그렇다 + ㅎ ㅣ 요?		얼마나	どれくらい
-하고	〜と	얼마	いくら	걸려요?	かかりますか
없어요	ありません	많이	沢山＝結構	걸리다 + ㅕ요?	
없다 + 어요		싸요?	安いですか	여기	ここ
그럼 = 그러면	では＝それでは	싸다 + 아요		까지	〜まで
지금	今	십만오천원	105,000ウォン	-로	〜(手段)で
가구할인매장	家具割引売り場	샀어요	買いました	약	約
-에	〜に	사다 + 아요 + ㅆ어요		20분	20分

▶ 조사

▶【場所や空間的起点：〜から】 **-에서**	▶ 〜まで（範囲）**-까지**
・학교에서 집까지 버스로 가요.	・서울에서 후쿠오카까지 45분 걸려요.
学校から家までバスで行きます。	ソウルから福岡まで45分かかります。

▶ 숫자 〈漢数字〉

1	일	11	십일	21	이십일	31	삼십일	41	사십일			0	영/공
2	이	12	십이	22	이십이	32	삼십이	42	사십이				
3	삼	13	십삼	23	이십삼	33	삼십삼	43	사십삼			百	백
4	사	14	십사	24	이십사	34	삼십사	44	사십사			千	천
5	오	15	십오	25	이십오	35	삼십오	45	사십오			万	만
6	육/륙	16	십육	26	이십육	36	삼십육	46	사십육	60	육십	十万	십만
7	칠	17	십칠	27	이십칠	37	삼십칠	47	사십칠	70	칠십	百万	백만
8	팔	18	십팔	28	이십팔	38	삼십팔	48	사십팔	80	팔십	千万	천만
9	구	19	십구	29	이십구	39	삼십구	49	사십구	90	구십	億	억
10	십	20	이십	30	삼십	40	사십	50	오십			兆	조

▶ 단위성 의존명사: 漢数字につく助数詞

【年月日】

年	1964年	천구백육십사년	2000年	이천년	2011年	이천십일년		
月	1月	일월	2月	이월	3月	삼월	4月	사월	5月	오월	6月	유월

月	7月	칠월	8月	팔월	9月	구월	10月	시월	11月	십일월	12月	십이월

日	1日	일일	2日	이일	3日	삼일	10日	십일	15日	십오일	30日	삼십일

【時間】

分	5分	오분	15分	십오분	25分	이십오분	35分	삼십오분	45分	사십오분
秒	10分	십분	20分	이십분	30分	삼십분	40分	사십분	50分	오십분

【貨幣】 한국: 원   일본: 엔

ウォン	10	십원	100	백원	500	오백원	1000	천원	5000	오천원
	1万	만원	10万	십만원	100万	백만원	一千万	천만원		

【温度・角度（도）、階（층）、回（회）、番（번）、号（호）、歳（세）】

연습문제

1. 例のように文を作りましょう。

例)	これ 1,000ウォン	가: <u>이거 얼마예요?</u> 나: <u>천원이에요.</u>	<u>これ</u>いくらですか。 <u>1,000ウォン</u>です。
① それ、390ウォン		가: 나:	
② この本、2,500円		가: 나:	
③ その時計、20,100円		가: 나:	
④ その車、43,500,000ウォン		가: 나:	
⑤ あの家、850,000,000ウォン		가: 나:	

2. 例のように文を作りましょう。

例)	誕生日 4月13日	가: 생일이 언제예요? 나: 사월 십삼일이에요.	<u>誕生日</u>がいつですか。 <u>4月13日</u>です。
① 설날、1月1日		가: 나:	
② 추석、음력8月15日		가: 나:	
③ 子どもの日、5月5日		가: 나:	
④ ハングルの日、10月9日		가: 나:	
⑤ クリスマス、12月25日		가: 나:	

3. 例のように文を作りましょう。

		가: <u>집</u>에서 <u>학교</u>까지 얼마나 걸려요? 　　<u>家</u>から<u>学校</u>までどれくらいかかりますか。
예문	家 / 学校 車 / 約10分	나: <u>차</u>로 약 <u>10분</u> 걸려요. 　　<u>車</u>で<u>約10分</u>かかります。
① 図書館 / コンビニ	가:	
自転車 / 約20分	나:	
② ここ / 郵便局	가:	
徒歩 / 約5分	나:	
③ そこ / 銀行	가:	
スクーター / 約30分	나:	
④ あそこ / 市役所	가:	
バス / 約40分	나:	
⑤ 家 / 大分駅	가:	
タクシー / 15分	나:	
⑥ 福岡 / ソウル	가:	
飛行機 / 45分	나:	

4. 下記の語彙を指しながら相手に聞いてみましょう。

正月	秋夕	こどもの日	父母の日	ハングルの日	가: ○○는/은 언제예요?
クリスマス	誕生日	夏休み	冬休み	バレンタイン	나:
リュック	時計	家	辞書	ビビンパ	가: ○○는/은 얼마예요?
電車	タクシー	地下鉄	高速バス	車	나:
船	旅客船	遊覧船	飛行機	自転車	가: ○○에서 ○○까지 얼마나 걸려요?
救急車	警察車	乗用車	汽車	スクーター	나:

5. 歴史的なできこと（○○○○年○月○日　○○の日）をハングルで書きましょう。

몇 시에 일어나요?

🎧 대화문 【♪音声42　ゆっくり・普通】

최예빈	주말에는 몇 시에 일어나요?
지카	전 언제나 아침 6 시에 일어나요.
최예빈	그래요? 그럼 오후까지 뭐해요?
지카	7 시에 아침을 먹어요. 그리고 집안일을 해요.
최예빈	아침으로 뭐 먹어요?
지카	요즘에는 고구마 반 개하고 호박 한 개를 먹어요.
최예빈	아침부터 다이어트 식단이네요!

▶ 어휘

-에는	～には	그래요?	そうですか	집안일	家事
몇	何(数字)	그렇다 + ㅎ	요	-로 / 으로	～(手段・方法)で
시	時	그럼 = 그러면	では=それでは	뭐 = 무엇	何
일어나요?	起きますか	오전 - 오후	午前 － 午後	요즘	最近、近頃
일어나다 + 아요?		-까지	～まで	고구마	サツマイモ
전 = 저는	私は	뭐해요?	何しますか	호박	カボチャ
언제나	いつも	뭐하다 + 해요?		-하고	～と
아침 - 점심 - 저녁		일곱 시	7時	-부터	～(時間)から
朝 － 昼 － 夕		먹어요	食べます	다이어트 식단	ダイエット献立
여섯 시	6時	먹다 + 어요		-이네요!	～ですね！
-에	～(位置)に	그리고	そして	名詞＋이다＋네요	

▶ 조사 【起点：～から】

▶【時間や時期的起点】	▶【時間と場所が含まれる時起点】
~부터	**~에서부터**
・한 시부터 두 시까지 일해요.	・여기에서부터 2시간은 걸려요.
1時から2時まで仕事します。	ここから2時間はかかります。
・아침부터 공부해요.	・고향까지는 서울에서부터 4시간은 걸려요.
朝から勉強します。	故郷まではソウルから4時間はかかります。

▶ 숫자 〈固有数字〉

1	하나(한)	11	열하나	21	스물하나	31	서른하나	41	마흔하나		
2	둘(두)	12	열둘	22	스물둘	32	서른둘	42	마흔둘		
3	셋(세)	13	열셋	23	스물셋	33	서른셋	43	마흔셋		
4	넷(네)	14	열넷	24	스물넷	34	서른넷	44	마흔넷		
5	다섯	15	열다섯	25	스물다섯	35	서른다섯	45	마흔다섯		
6	여섯	16	열여섯	26	스물여섯	36	서른여섯	46	마흔여섯	60	예순
7	일곱	17	열일곱	27	스물일곱	37	서른일곱	47	마흔일곱	70	일흔
8	여덟	18	열여덟	28	스물여덟	38	서른여덟	48	마흔여덟	80	여든
9	아홉	19	열아홉	29	스물아홉	39	서른아홉	49	마흔아홉	90	아흔
10	열	20	스물(스무)	30	서른	40	마흔	50	쉰		

▶ 단위성 의존명사: 固有数字につく助数詞

【時間】

時	1時	한시	2時	두시	3時	세시	4時	네시	5時	다섯시	6時	여섯시
	7時	일곱시	8時	여덟시	9時	아홉시	10時	열시	11時	열한시	12時	열두시
時間	1時間	한시간	2時間	두시간	3時間	세시간			12時間	열두시간		

【年齢、個、人、回数、番目など】

歳	1歳 한 살	2歳 두 살	3歳 세 살	4歳 네 살	20歳 스무 살	45歳 마흔다섯 살
個	11個 열한 개	22個 스물두 개	33個 서른세 개	44個 마흔네 개	55個 쉰다섯 개	110個 백열 개
人	1人 한 사람	3人 세 사람	5人 다섯 사람	7人 일곱 사람	9人 아홉 사람	11人 열한 사람
回	2回 두 번	4回 네 번	6回 여섯 번	8回 여덟 번	10回 열 번	12回 열두 번
番目	1番目 첫 번째	2番目 두 번째	3番目 세 번째	4番目 네 번째	17番目 열일곱 번째	20番目 스무 번째

【冊(권)、匹(마리)、台(대)、枚(장)、杯(잔)、回(번)、本(瓶:병、花:송이、木:그루、鉛筆:자루)】

▶ 어휘: 야채 = 채소

고구마	감자	오이	깻잎(장)
サツマイモ	ジャガイモ	キュウリ	エゴマの葉
배추(포기)	양배추	무	시금치(단)
白菜	キャベツ	大根	ほうれん草
부추(단)	고추	가지	콩나물(봉지)
ニラ（束）	唐辛子	ナス	豆もやし（袋）
파(단)	양파	당근	마늘(쪽)
ネギ	玉ねぎ	人参	ニンニク（欠片）
버섯	땅콩	옥수수	생강(접)
キノコ	ピーナッツ	とうもろこし	生姜

▶ 연습문제

▌ 1. 例のように文を作りましょう。

例）	学校 / 何時からはじめる 午前8時	가: 학교는 몇 시부터 시작해요? 　　学校は何時からはじめますか。 나: 오전 8시부터 시작해요. 　　午前8時からはじめます。
① 今日 / 何時に起きた 朝6時		가: 나:
② 昨日 / 何時に寝た 夜11時半		가: 나:
③ 韓国語授業は何時から何時まで 夕方7時から8時半まで		가: 나:
④ 大学の3限は何時から何時まで 午後1時～2時半		가: 나:
⑤ 仕事は何時から何時まで 午前9時から午後5時まで		가: 나:
⑥ ソウルから釜山まで何時間かかる KTXで2時間半		가: 나:
⑦ 一日に何時間寝る ○○時間		가: 나:

2. 例のように文を作りましょう。

例）	何歳	가: 몇 살이에요?	何歳ですか。
	19歳	나: 열아홉 살이에요.	19歳です。
①	1日に何回歯を磨く	가:	
	3回	나:	
②	友達は何人いる	가:	
	10名	나:	
③	何回目授業	가:	
	12回目	나:	
④	1ヶ月に本何冊読む	가:	
	4冊	나:	
⑤	鉛筆何本ある	가:	
	8本	나:	

3. 例のように文を作りましょう。

例）	キュウリ1個、大根2個	가: 뭐 드릴까요? 何を差し上げましょうか。 나: <u>오이</u> <u>한 개</u>하고 <u>무</u> <u>두 개</u> 주세요. キュウリ1個と大根2個下さい。
①	とうもろこし6本、人参8個	나:
②	ナス4本、ほうれん草4束	나:
③	豆もやし2袋、生姜7個	나:
④	唐辛子15本、ニンニク25欠片	나:
⑤	エゴマの葉20枚、白菜9個	나:

4. 朝起きてから寝るまでの一日のタイムスケジュールを書きましょう。

3월생이라서 1년 일찍 입학했어요.

🎧 대화문 【♪音声43　ゆっくり・普通】

박민영	지카 씨는 몇 살이에요?
지카	저는 19살이에요. 민영 씨는 저보다 언니예요?
박민영	전 20살이에요. 제가 언니네요.
지카	몇 년생이에요? 저는 ＿＿＿＿＿＿＿＿ 년생이에요.
박민영	어머, 저도 ＿＿＿＿＿＿ 년생이에요. 우리 동갑이네요.
지카	저는 3월생이라서 1년 일찍 입학했어요.
박민영	어? 한국은 2월생까지예요. 이것도 다르네요.
지카	1시부터 3교시 수업이에요. 빨리 강의실로 가요.

▶ 어휘

몇	いくつ、何	-년생	年生まれ	-까지	また
(名詞の前で、はっきりしない数量やいくらかの数量を漠然と表す語)		어머	あら	다르네요	異なりますね
		우리	俺たち、我々	다르다 + 네요	
-살	固有数字＋歳	동갑	同じ年	-부터	～から
-세	漢数字＋歳	3월생	3月生まれ	3교시	3限目
-보다	～より	-라서/이라서	～なので	수업	授業
		名詞・아니다＋(이)라서		빨리	速く
전 = 저는	私は				
제가	私が	일찍	早く	강의실	講義室
-네요	～ですね	입학했어요	入学しました	-로 / -으로	～(方向)へ
名詞＋(이)네요		입학하다 + 해요 + ㅆ다 + 어요		가요	行きましょう

▶ 접속어미

▶ 接続語尾（名詞）～なので（理由·原因）

~(이)라서 = ~여서 / 이어서

·아기라서 잘 울어요.

　　　　　赤ちゃんなのでよく泣きます。

·시험이라서 공부해요.

　　　　　試験なので勉強します。

▶ 조사

▶ 助詞　～へ（方向）

~로 / ~으로 　　　　　　　（ㄹ無視）

·수학여행은 한국으로 가요.

　　　　　修学旅行は韓国へ行きます。

·친구는 먼저 교실로 갔어요.

　　　　　友だちは先に教室へ行きました。

▶ 종결어미(終結語尾)　～ですね・ますね【感嘆・独白⇨会話体】

▶ 現在時点で直接経験して新発見、予想外のことで感嘆、相手にも確認する。	▶ 過去の事実に対して、現在時点で新発見することで感嘆、自分が納得してうなずく
・聞いた話と推測は使えない	・ある場面や状況を見ながら・聞きながら言う
用言語幹 ＋ **네(요)**　　　【ㄹ脱落：用言】	動詞語幹 ＋ **는군(요)**　形容詞語幹 ＋ **군(요)**
名詞　　　＋ **(이)네(요)**	名詞　　　＋**(이)군(요)**　　【ㄹ脱落：動詞】
・갑자기 비가 오네요. 　　　　　　　突然雨が降りますね。	・몸이 커서 잘 먹는군요. 　　　　　　　体が大きくてよく食べますね。
・서울의 겨울은 정말 춥네요. 　　　　ソウルの冬は本当に寒いですね。	・그 배우는 정말 예쁘군요. 　　　　その俳優は本当にきれいですね。
・일이 너무 힘드네요. 　　　　　仕事がとても大変ですね。	・역시 경찰관이군요. 　　　　　やはり警察官ですね。

▶ 어휘: 교육

국공립 国公立	사립 私立	어린이집 保育園	유치원 幼稚園
초등학교 小学校	중학교 中学校	고등학교 高等学校	대학교 大学
학원 塾	학비 学費	장학금 奨学金	유학 留学
입학 入学	졸업 卒業	휴학 休学	복학 復学
자퇴 自主退学	퇴학 退学	개강 開講	종강 終講
강의실 講義室	출석 出席	조퇴 早退	결석 欠席
수업 授業	강의 講義	숙제 宿題	과제 課題
성적 成績	시험 試験	예습 予習	복습 復習
급식 給食	써클활동 部活	학년 年生	교시 時間目
국어 国語	영어 英語	수학 数学	산수 算数
사회 社会	과학 科学	기술 技術	생활 生活
도덕 道徳	체육 体育	미술 美術	음악 音楽

연습문제

▌1. 例のように文を作りましょう。

例) 音楽教室に通う / 音痴	가: 왜 <u>음악 학원에 다녀요</u>? なぜ音楽教室に<u>通い</u>ますか。 나: <u>음치</u>라서 <u>다녀요</u>.　　音痴なので<u>通い</u>ます。
① 学校を休む / 葬式	가: 나:
② 早く起きる / 試験	가: 나:
③ スカートを履く / 友だちの結婚式	가: 나:
④ このカバンは高い / ブランド品	가: 나:
⑤ 大分は蒸し暑い / 南側	가: 나:

▌2. 例のように文を作りましょう。

例) 夏の休暇 / 釜山	가: <u>여름 휴가는 어디로 가요</u>? 　　 <u>夏の休暇</u>はどこへ行きますか。 나: <u>부산으로 가요</u>.　　　 <u>釜山</u>へ行きます。
① 修学旅行 キョンジュ（慶州）	가: 나:
② 新婚旅行 島	가: 나:
③ アルバイトをしに 大分市内	가: 나:
④ 宮殿をみに ソウル	가: 나:
⑤ ジャガイモを買いに カンウォンド	가: 나:

3. 例のように文を作りましょう。

例)	突然雨が降る	가:	갑자기 비가 오네요!	突然雪が降りますね。
	沢山降る	나:	비가 많이 오는군요.	雪が沢山降りますね。

① あの人は格好いい	가:
性格も良い	나:

② 韓国語がとても上手だ	가:
発音も正確だ	나:

③ 赤ん坊が本当に可愛い	가:
目も本当にキレイ	나:

④ あの店はすごく美味しい	가:
店員も親切だ	나:

⑤ サムゲタンが美味しい	가:
匂いもすごく良い	나:

⑥ 大学生活はとても大変だ	가:
課題もとても多い	나:

4. 下記の語彙を指しながら相手に聞いてみましょう。

国公立	私立	保育園	幼稚園	小学校	中学校	가: 왜_____아/어요?
高等学校	大学	塾	学費	奨学金	留学	
入学	卒業	休学	復学	自主退学	退学	나: ___(이)라서___아/어요.
開講	終講	宿題	課題	成績	試験	
予習	復習	給食	部活	年生	時間目	가: ___(으)러 어디로 가요?
国語	英語	数学	算数	社会	科学	
技術	生活	道徳	体育	美術	音楽	나:_____(으)로 가요.

5. 驚いたことや納得したことを書きましょう。

왜 고향에 안 가요?

🎧 대화문 【♪音声44　ゆっくり・普通】

현빈	여름 방학 때 고향에 가요?
지카	아뇨. 안 가요.
현빈	왜 가지 않아요? 무슨 일 있어요?
지카	하루 종일 아르바이트를 해요. 그래서 **못** 가요.
현빈	방학 때도 바쁘군요. 그런데 가족들한테 말했어요?
지카	네, 엄마**한테서** 전화가 왔어요. 그런데 현빈 씨는요?
현빈	저도 가지 **못해요.** 자격증 시험이 있어요.

▶ 어휘

봄 - 여름 - 가을 - 겨울		무슨 일	何か、何のこと	그런데	ところで	
	春一夏一秋一冬	있어요?	ありますか	-한테 = 에게	~に	
방학	学校の長期休み	있다 + 어요?		말했어요?	言いましたか	
때	時、際	하루 종일	一日中	-한테서 =에게서	~から	
-에	~に	아르바이트 = 알바	アルバイト	전화가 오다	電話がかかってくる	
가요?	行きますか	해요 (하다)	(する)します	-씨는요?	~さんは？	
가다 + 아요		그래서	それで	가지 못해요	行けません	
안 -	~しない	못 -	~できない	가다 + 지 못하다 + 해요		
가지 않아요?	行かないですか	바쁘군요	忙しいですね	자격증 시험	資格試験	
가다 + 지 않다 + 아요?		바쁘다 + 군요		있어요 (있다)	あります	

▶ 조사

▶ 副詞格助詞　~（人）に	▶ 副詞格助詞　~（人）から
- 한테 (口語) = 에게 (文語)	- 한테서 (口語) = 에게서 (文語)
= 께 (敬語)	= 께 (敬語)
· 동생한테 말했어요.	· 친구한테서 선물을 받았어요.
弟（妹）に言いました。	友だちからプレゼントをもらいました。
· 친구에게 물었습니다.	· 선배에게서 소식을 들었습니다.
友だちに尋ねました。	先輩から頼りを聞きました。
· 부모님께 말씀을 드렸습니다.	· 부모님께 전화가 왔습니다.
両親にお話を申し上げました。	両親から電話がありました。

▶ 문법: 부정형【否定形】

▶ 〈用言＋否定形〉 ～しない	▶ 〈用言＋不可能形〉 ～できない
① **안** ＋ 動詞/形容詞	① **못** ＋ 動詞/形容詞
・학교에 안 가요.	・학교에 못 가요.
※例外（名詞＋する＝動詞）공부하다, 운동하다, 노력하다,,,	
공부를 **안** 하다 / 공부를 **못** 하다	
② 動詞/形容詞　○○다 ＋ **지 않다**	② 動詞/形容詞　○○다 ＋ **지 못하다**
・학교에 가지 않아요.	・학교에 가지 못해요.

▶ 어휘: 식물

꽃 花	나무 木	잎 葉	뿌리 根
열매 実	씨 種	가지 枝	풀 草
잔디 芝生	소나무 松	참나무 ブナ	대나무 竹
삼나무 杉	편백나무 ヒノキ	동백나무 椿	무궁화 ムクゲ
벚꽃 桜	진달래 ツツジ	개나리 レンギョウ	해바라기 ひまわり
국화 菊	매화 梅	장미 バラ	백합 ユリ

▶ 어휘: 생물(조류 및 곤충)

새 鳥	독수리 鷲	기러기 ガン	비둘기 鳩
까치 カササギ	까마귀 カラス	참새 スズメ	오리 鴨
닭 鶏	병아리 ひよこ	벌레 虫	곤충 昆虫
파리 ハエ	모기 蚊	벌 ハチ	나비 チョウ
반딧불이 ホタル	바퀴벌레 ゴキブリ	메뚜기 バッタ	장수풍뎅이 カブトムシ

연습문제

▌1. 例のように文を作りましょう。

例)	会社に行く	가: <u>회사에 안 가요?</u>	<u>会社に行き</u>ませんか。
		나: 네. <u>가</u>지 않아요.	はい。<u>行き</u>ません。
① 図書館で本を読む		가:	
		나:	
② 食堂でご飯を食べる		가:	
		나:	
③ カフェでコーヒーを飲む		가:	
		나:	
④ 友だちに会いに行く		가:	
		나:	
⑤ 週末に韓国語の復習をする		가:	
		나:	

▌2. 例のように文を作りましょう。

例)	キムチを食べる	가: <u>김치를</u> 못 <u>먹어요?</u>	<u>キムチを食べ</u>られません。
		나: 네. <u>먹</u>지 못해요.	はい。<u>食べ</u>られません。
① カブトムシを探す		가:	
		나:	
② 鴨が空を飛ぶ		가:	
		나:	
③ 昆虫を食べる		가:	
		나:	
④ バッターを触る (만지다)		가:	
		나:	
⑤ 杉を植える (심다)		가:	
		나:	

3. 例のように文を作りましょう。

	友だち / カブトムシ	가: 친구에게 뭘 받았습니까?
例)		友だちに何をもらいましたか。
		나: 친구한테서 장수풍뎅이를 받았어요.
		友だちからカブトムシをもらいました。

① 彼氏 / バラ100本	가:
	나:

② ナオさん / 竹箸20膳	가:
	나:

③ 日本の友達 / ヒノキ椅子	가:
	나:

④ ミンス / 松の木を3本	가:
	나:

⑤ 祖母 / ヒヨコ3匹	가:
	나:

⑥ 祖父 / 鶏2羽	가:
	나:

4. 下記の語彙を指しながら相手に聞いてみましょう。

花	木	葉	根	実	種	가: _____ 아/어요?
枝	草	芝生	松	ブナ	竹	
杉	ヒノキ	椿	ムクゲ	桜	ツツジ	나: 안 / 못 / 지 않다 / 지 못해요
レンギョウ	ひまわり	菊	梅	バラ	ユリ	
鳥	鷲	ガン	鳩	カササギ	カラス	가: 누구에게 뭘 받아요?
スズメ	鴨	鶏	ひよこ	虫	昆虫	
ハエ	蚊	ハチ	チョウ	ゴキブリ	ホタル	나: ____한테서____ 아/어요.

5. 週末 / 朝·昼·夜にしない·できないことを書きましょう。

제16과

저도 가고 싶어요. 다 같이 갑시다.

🎧 **대화문 【♪音声45　ゆっくり・普通】**

권미나	다음 주부터 연휴예요. 지카 씨는 뭐 해요?
지카	글쎄요. 잘 모르겠어요. 미나 씨는 놀러 안 가요?
권미나	저는 친구들하고 제주도에 가요.
지카	와! 좋겠다. 제주도는 뭐가 유명해요?
권미나	음식은 흑돼지 요리가 유명해요. 그리고 자연경관도 멋있어요.
지카	저도 가고 싶어요. 그리고 소영 씨도 가고 싶어 했어요.
권미나	그래요? 다 같이 갑시다. 그럼 공항에서 만나요.

▶ **어휘**

다음 주	来週	제주도	(地名)	가고 싶어요	行きたいです
-부터	〜から		済州特別自治道	가다 + 고 싶다 + 어요	
연휴	連休	좋겠다	いいな(独り言)	가고 싶어 했어요	行きたがりました
뭐 해요?	何をしますか	좋다 + 겠다		가다 + 고 싶어 했다 + 어요	
뭐 하다+해요?		유명해요	有名だ	그래요?	そうですか
글쎄요	さあ	유명하다 + 해요		그렇다 + ㅎㅐ요	
잘 모르겠어요	よくわかりません	자연경관	自然景観	같이 = 함께	一緒に、共に
잘 모르다 + 겠 + 어요		멋있어요	(自然)美しい	갑시다	行きましょう
놀러 놀다 + 러	遊びに	멋있다 + 어요		가다 + ㅂ시다	
-하고	〜と	그리고	そして	만나요	会いましょう
그럼=그러면	では=それでは	흑돼지	黒豚	만나다 + 어요	

▶ **표현: 권유**

▶ 〈同輩間で共に行動するよう誘う時に用いる〉 〜しましょう

動詞語幹 + **ㅂ시다 / 읍시다** = - 아요/ 어요

・공부하다　→ 공부합시다　　【特例: ㄹ脱落】

・먹다　　→ 먹읍시다　　・놀다　→ 놉시다

▶ 〈勧誘（下称）〉〜しよう　　動詞語幹 + **자**

・가다 → 가자!　　・놀다 → 놀자!

▶ **조사**

▶ 〜と「話し言葉」

・~하고 = (이)랑

= 와/과

・친구하고 영화를 봐요.
　友だちと映画をみます。

・강아지랑 놀았어요.
　仔犬と遊びました。

▶ 표현

▶ 話し手の希望・願望　〜したい	▶ 話し手以外の人の希望　〜したがる
・動:○다 + **고 싶다**	・動:○다 + **고 싶어 하다**
・사다 → 가방을 사고 싶어요.	→ 엄마는 가방을 사고 싶어해요.
・먹다 → 김밥을 먹고 싶어요.	→ 동생은 김밥을 먹고 싶어해요.
・읽다 → 책을 읽고 싶어요.	→ 오빠는 책을 읽고 싶어해요.
〈否定〉 **-고 싶지 않다**	〈否定〉 **-고 싶어 하지 않다**
・공부하고 싶지 않아요.	・공부하고 싶어 하지 않아요.
勉強したくありません。	子どもは勉強したがらないです。

▶ 〈意思・推量〉 〜です・〜ます・〜います / 〜でしょう

① 「1人称主語 + **겠**」⇒ 話し手の強い意志　　한국에 꼭 가겠습니다. (가다+겠+습니다)
　　　　　　　　　　　　　　　　　　　　　　　　韓国に必ず行きます。

② 「3人称主語 + **겠**」⇒ 強い推量（確信）　　내일은 맑겠습니다. (맑다+겠+습니다)
　　　　　　　　　　　　　　　　　　　　　　　　明日は晴れるでしょう。

③ 「2人称主語 + **겠** + ?」⇒ 相手の意向　　영화를 같이 보겠습니까?(보다+겠+습니까?)
【疑問文】　　　　　　　　　　　　　　　　　　映画を一緒にみますか。

▶ 어휘: 생물

동물 動物	짐승 獣	가축 家畜	새끼 動物の子
개 犬	강아지 仔犬	고양이 猫	호랑이 虎
코끼리 象	소 牛	돼지 豚	사자 ライオン
원숭이 猿	개구리 カエル	뱀 蛇	곰 熊
토끼 ウサギ	다람쥐 リス	사슴 鹿	쥐 ネズミ
말 馬	여우 キツネ	양 羊	염소 ヤギ
물고기 魚	생선 魚、鮮魚	상어 サメ	고래 クジラ
참치 マグロ	고등어 サバ	꽁치 サンマ	조개 貝
굴 牡蠣	새우 エビ	문어 タコ	오징어 イカ

■ 連習問題

1. 例のように文を作りましょう。

例)	どこに行く / ソウル	가: <u>어디에 가겠어요?</u> どこに行きますか。
		나: <u>서울에 갑시다. / 서울에 가자!</u> ソウルに行きましょう。/ 行こう。

① 何をする / ご飯を食べる　가:
　　　　　　　　　　　　　 나:

② 何を飲む / お酒　가:
　　　　　　　　　 나:

③ どこに行く / 全州(전주)　가:
　　　　　　　　　　　　　 나:

④ いつソウルに行く / 来週　가:
　　　　　　　　　　　　　 나:

⑤ いつ風呂に入る / 11時　가:
　　　　　　　　　　　　 나:

2. 例のように文を作りましょう。

例)	ソウル / 釜山に行く	가: <u>서울하고 부산에 가고 싶어요?</u> ソウルと釜山に行きたいですか。
		나: <u>아뇨, 서울이랑 부산에 가고 싶지 않아요.</u> いいえ。ソウルと釜山に行きたくありません。

① トラ / ライオンをみる　가:
　　　　　　　　　　　　 나:

② 仔犬 / 猫を飼う　가:
　　　　　　　　　 나:

③ 猿公園 / 温泉に行く　가:
　　　　　　　　　　　 나:

④ タコ / イカ刺身を食べる　가:
　　　　　　　　　　　　　 나:

⑤ サンマ / サバを買う　가:
　　　　　　　　　　　 나:

▌3. 例のように文を作りましょう。

例)	姉 / 韓国に行く	가: <u>언니는</u> 한국에 <u>가고 싶어</u> 해요? 姉はソウルに行きたがりますか。 나: 아뇨, <u>가고</u> 싶어 하지 않아요. いいえ。行きたがらないです。
① 母 / 韓国ドラマをみる		가:
		나:
② 祖母 / 食器洗いをする		가:
		나:
③ 夫 / 土曜日に休む		가:
		나:

▌4. 例のように文を作りましょう。

例)	明日は勉強をする / 必ず	가: <u>내일은</u> 공부를 하겠어요?　明日は勉強をしますか。 나: 네, 꼭 <u>공부하겠습니다</u>.　はい。必ず行きます。
① 週末に仕事する / 昼まで		가:
		나:
② 朝まで寝る / 本当に		가:
		나:
③ 雪が降る (推量)		가:
		나:

▌5. 下記の語彙を指しながら相手に聞いてみましょう。

動物	獣	家畜	動物の子	犬	仔犬	가: 뭘___겠어요?
猫	虎	象	牛	豚	ライオン	
猿	カエル	蛇	熊	ウサギ	リス	나:_____ㅂ/읍시다
鹿	ネズミ	馬	キツネ	羊	ヤギ	가:_____고 싶어요?
魚	魚、鮮魚	サメ	クジラ	マグロ	サバ	
サンマ	貝	牡蠣	エビ	タコ	イカ	나:_____고 싶지 않아요.

▌6. 自分と友達が韓国に行ってしたい・したくないことを書きましょう。

제17과

혹시 있으면 일주일만 빌려 주세요.

🎧 **대화문【혜진 씨의 집 거실】【♪音声46　ゆっくり・普通】**

권민주	어서오세요. 여기에 앉으세요.
지카	부모님은 어디에 계세요?
권민주	지금 집에 안 계세요. 커피 드세요.
지카	고마워요. 이거 받으세요. 일본 과자예요.
권민주	와! 맛있겠다. 고마워요.
지카	저기,,, 혹시 말모이 DVD 있으세요? 있으면 일주일만 빌려 주세요.
권민주	네, 그러세요. 천천히 주세요.

▶ **어휘**

거실	リビング、居間	고마워요	ありがとうございます	있으세요?	ございますか	
어서오세요	いらっしゃいませ	고맙다+마워요		있다+으세요		
어서오다+세요		이것 = 이거	これ	있으면	あれば	
앉으세요	座ってい下さい	받으세요	もらって下さい	있다+으면		
앉다+으세요		받다+으세요		일주일만	一週間だけ	
부모님	ご両親	일본 과자	日本のお菓子	빌려 주세요	貸して下さい	
계세요	いらっしゃいます	맛있겠다	美味しそう(推量)	빌리다+려요 주세요		
계시다+세요		맛있다+겠다		그러세요	そうして下さい	
드세요	召し上がって下さい	저기,,, 혹시	あの、もうしかして	그렇다+ㅎ세요		
드시다+세요		말모이	(映画題名)言葉集め	주세요	下さい	
안 +用言	否定	천천히	ゆっくり	주다+세요		

▶ **알파벳**

A:에이	B:비	C:시	D:디	E:이	F:에프	G:지=쥐	H:에이치	I:아이	J:제이	K:케이	L:엘	M:엠
O:오	P:피	Q:큐	R:알	S:에스	T:티	U:유	V:브이	W:더블유	X:엑스	Y:와이	Z:제트=지	N:엔

▶ **가정형 접속어미**

▶ 仮定形　～ば、たら、と

・語幹 + **(으)면**【ㄹ無視, ㅅ/ㅎ脱落, ㄷ/ㅂ変則】

・웃으면 복이 와요.
　　　　　　　笑う門には福来る

・주차장에서 놀면 위험해요.
　　　　　駐車場で遊ぶと危ないです。

▶ **조사**

▶ 補格助詞　～だけ、ばかり

・体言 + **만** 〈限定・制限、数量＋만：最小〉

・저는 한국 드라마만 봐요.
　　　　　　　私は韓国ドラマだけみます。

・잠깐만 기다려 주세요.
　　　　　　ちょっと待って下さい。

① 人の動作を敬語で叙述　　　　　　　　　　　　～なさいます（か）

- ○○다 + 시다 + 아요 / 어요　　→ -셔요.?　　⇒ -세요.?　　　-십니다. / 십니까?
- ○●다 + 으시다 + 아요 / 어요　→ -으셔요.?　⇒ -으세요.?　　-으십니다. / 으십니까?

【ㄹ脱落】　　　　　　過去形) -(으)셨어요.?

- 하다 〈 하시다　　→ 하셔요.?　　⇒ 하세요.?　　〈 하십니다. / 하십니까?

なさる　　　　　　　하셨어요.?　　　　　　　　なさいます（か）

- 웃다 〈 웃으시다　→ 웃으셔요.?　⇒ 웃으세요.?　〈 웃으십니다. / 웃으십니까?

笑われる　　　　　　웃으셨어요.?　　　　　　　笑われます（か）

過去形) -(으)셨어요.?

②-1　親切に命令又は丁寧にお願いする

（自分の利益のためではなく、相手のために思って言うニュアンス）

~(으)세요　～して下さい（～しなさい）	〈 **~(으)십시오**　～なさって下さい
・이쪽으로 오세요.	・이쪽으로 오십시오.
・사진을 찍으세요.	・사진을 찍으십시오.

②-2　親切に命令又は丁寧にお願いする

（自分のために相手に何かしてもらう「依頼する」意味が強い）

~아/어(形) **주세요**　～して下さい	〈 **~아/어**(形) **주십시오**　～なさって下さい
・이쪽으로 와 주세요.	・이쪽으로 와 주십시오.
・사진을 찍어 주세요.	・사진을 찍어 주십시오.

▶ 연습문제

▌ 1. 下記の動詞の原型を「(으)세요」と「아/어 주세요」体に書きましょう。

	(으)세요	아/어 주세요		(으)세요	아/어 주세요		(으)세요	아/어 주세요
찾다			켜다			받다		
끄다			입다			팔다		
신다			벗다			**빌리다**		
쓰다			차다			돌아가다		
풀다			끼다			돌아오다		
빼다			메다			데려가다		
들다			웃다			데려오다		
울다			앉다			**가져가다**		
씻다			쉬다			가르치다		

2. 例のように文を作りましょう。

例)	カメラ 1枚 / 撮る	가: <u>카메라</u>는 있으세요?　<u>カメラ</u>は<u>ござい</u>ますか。 <u>한 장</u>만 <u>찍어</u> 주세요.　<u>一枚</u>だけ<u>撮って</u>下さい。
① お金 1万ウオン / 貸す	가:	
② 筆記道具 名前と住所 / 書く	가:	
③ 兄 明日 / 連れてくる	가:	
④ 土曜日に時間 1時間 / 日本語を教える	가:	
⑤ プリンター 写真20枚 / 印刷する	가:	

3. 例のように文を作りましょう。

例)	韓国に行く / どこに行かれる ソウル	가: <u>한국에 가면 어디에</u> 가세요? <u>韓国に行くとどこに行かれ</u>ますか。 나: <u>서울</u>만 <u>가요</u>. <u>ソウル</u>だけ<u>行き</u>ます。
① 大阪に行く / 何召し上がる たこ焼き / 食べる	가: 나:	
② 天気が良い / 何をなさる 洗車 / する	가: 나:	
③ 仕事を休む / 何をなさる 家でドラマ / みる	가: 나:	
④ 朝に起きる / 何を飲まれる コーヒー / 飲む	가: 나:	
⑤ 夜友達に会う / 何をなさる 一緒に運動 / する	가: 나:	

4. 例のように親切に命令する「-(으)십시오 / -아/어 주십시오」文を作りましょう。

例)	友だちを信じる〈相手のため〉	가: 어떻게 할까요?	どうしましょうか。
		나: <u>친구를 믿으십시오</u>.	<u>友だちを信じて下さい。</u>
① ぐっすり休んむ		가:	
〈相手のため〉		나:	
② 毎日韓国語勉強をする		가:	
〈相手のため〉		나:	
③ いつも笑う		가:	
〈相手のため〉		나:	
④ 駅の前で待つ		가:	
〈自分のため〉		나:	
⑤ 速くメールを送る		가:	
〈自分のため〉		나:	
⑥ 先生の住所を教える		가:	
〈自分のため〉		나:	

5. 下記の語彙を指しながら相手に聞いてみましょう。

行く	みる	くれる	習う	読む	住む、生きる
食べる	起きる	洗う	探す	書く、使う	帰って行く
休む	買う	寝る	受け取る	乗る	帰って来る
来る	作る	付ける	会う	消す	連れて行く
遊ぶ	かかる	売る	飛ぶ	通う	連れて来る
笑う	泣く	座る	着る	履く	現れる
担ぐ	飲む	つける	持つ	はめる	知る、分かる
借りる	抜く	脱ぐ	教える	生じる	持って行く

가: ___면 뭐___(으)세요?

나: ___아/어요.

가: ___만___아/어요?

나: 네, ___(으)십시오

6. 「相手のために命令勧誘する文」と「自分のために依頼する文」を書きましょう

약을 먹었지만 계속 아프고 자꾸 졸려요.

🎧 대화문【♪音声47　ゆっくり・普通】

황혜리	왠일이에요! 왜 늦었어요?
지카	감기에 걸려서 잤어요. 그런데 머리도 아프고 팔다리도 쑤셔요.
황혜리	혹시 몸살감기가 아니에요?
지카	몸살감기요? 그게 뭐예요?
황혜리	피로해서 생긴 감기를 말해요. 그런데 약은 먹었어요?
지카	네. 방금 전에 먹었지만 계속 아프고 자꾸 졸려요.
황혜리	그럼 빨리 집에 가서 푹 쉬세요.

▶ 어휘

왠일이에요!	どうしましたか	쑤셔요	(刺すように)痛む	약을 먹다	薬を飲む
왜?	なぜ	쑤시다+ㅕ요		방금 전에	ちょっと前に
늦었어요?	遅れましたか	혹시	もしかしたら	먹었지만	(薬)飲んだけど
늦다 + 어요 + ㅆ어요?		몸살감기	疲れから生じる	먹었다 + 지만	
감기에 걸리다	風邪を引く		風邪で、筋肉痛を伴う症状	계속	ずっと、引き続き
걸려서	引いて	-이/가 아니에요?		자꾸	頻りに
걸리다 + ㅕ서			〜ではありませんか	졸려요	眠いです
잤어요	寝ました	-이/가 아니다 + 에요?		졸리다 + ㅕ요	
자다 + 아요 + ㅆ어요		-요 / 이요?	〜ですか	그럼=그러면	では=それでは
그런데	ところで	피로해서	疲れて	빨리	速く=急いで
머리	頭	피곤하다 + 해요 + 서		가서	行って=帰って
팔다리	手足	생긴 감기	生じた風邪	가다 + 아요 + 서	
아프고	痛くて、悪くて	생기다+ㄴ 감기		푹	ぐっすり、ゆっくり
아프다 + 고		말해요	言います	쉬세요	休んで下さい
		말하다 + 해요		쉬다 + 세요	

▶ 접속어미: 역접「逆説・前置き・付加」

▶「〜けど、〜が」
用言語幹 + **지만**
名詞　　+ **(이)지만**

- 오늘은 쉬지만 내일은 일해요.　今日は休むけど明日は働きます。
- 떡볶이는 맵지만 맛있어요.　　トッポギは辛いけど美味しいです。
- 고등학생이지만 사장님이에요.　　高校生だけど社長です。

▶ 문법: 접속어 〈 ~て 〉

▶ 並べ立て　　~て、~から	▶ 継起の因果　　~ので、~て
用言語幹 + **고**	用言語幹 + **아서 / 어서**
① 2 つの文の並べ立て	① 原因と理由（過去形は使えない）
・음악을 <u>듣고</u> 책을 읽어요.	・학교가 <u>멀어서</u> 힘들어요.
・형은 일본에 <u>가고</u> 저는 중국에 가요.	・<u>슬퍼서</u> 울었어요.
② 2 つの文の時間的な並べ立て	② 2 つの文の時間的な並べ立て（先行動作）
＝ -고 나서（~してから）	・도서관에 <u>가서</u> 공부를 해요.
・책을 <u>읽고</u>(=고 나서) 감상문을 써요.	・떡볶이를 <u>만들어서</u> 먹어요.
・친구를 <u>만나고</u>(=고 나서) 영화를 봤어요.	・친구를 <u>만나서</u> 영화를 봤어요.

▶ 문법: 접속부사

接続副詞：言葉と言葉、文と文、段落と段落をつなぎ、前後がどんな関係であるかを表す言葉

①**順接**：前の事柄が原因・理由となり、その当然の結果が後にくる。

그래서=그러니까（だから＝それで）、**따라서**（したがって）、**그러므로**（それゆえ＝ゆえに）等

・늦잠을 잤어요. 그래서 학교에 지각했어요.

②**逆接**：前の事柄と対立することが後にくる。

그러나=하지만（しかし＝けれども）、**그런데**（ところが）、**그렇지만**（しかしながら）等

・열심히 공부했어요. 하지만 성적은 나빴어요.

③**並列**：2 つ以上の事柄を対等に並べる。**그리고**（そして＝それから）等

・밥을 먹었어요. 그리고 게임을 했어요.

④**添加**：前の事柄に新しいことを付け加える。**게다가 =더구나**（その上＝しかも＝さらに）、**그리고**等

・영어를 공부해요. 게다가 중국어도 공부해요.

⑤**選択**：前と後の事柄のどちらかを選ぶ。**또는=혹은**（あるいは＝または＝もしくは＝かつ）等

・버스 또는 택시를 타요.

⑥**説明**：理由や要約説明などを補う。

왜냐하면（なぜなら）、**요컨대=바꾸어 말하면=즉**（つまり＝すなわち）、**예를 들면**（例えば）等

・점심을 굶었어요. 왜냐하면 밥이 없었어요.

⑦**転換**：話題を変える。**그러면=그럼**（それでは）、**한편**（一方で）、**그런데**（ところで＝さて）等

・그럼 수업을 마치겠습니다.

▶ 어휘: 신체=몸

머리 頭	얼굴 顔	이마 額	눈 目	코 鼻	입 口	입술 唇
혀 舌	귀 耳	목 喉,首	어깨 肩	가슴 胸	배 腹	등 背中
허리 腰	팔 腕	다리 脚	무릎 膝	손 手	발 足	엉덩이 尻

연습문제

1. 例のように文を作りましょう。

例)	テレビをみる 運動をする	가: 내일 뭐 해요?	나1: <u>텔레비전을 보고</u> <u>운동을 해요</u>. 나2: <u>텔레비전을 봐요</u>. 그리고 <u>운동을 해요</u>.
① 本を読む / ゲームをする		나1:	
		나2:	
② 掃除をする / 洗濯をする		나1:	
		나2:	
③ 卓球をする / 水泳をする		나1:	
		나2:	
④ 病院に行く / 友だちに会う		나1:	
		나2:	
⑤ 手を洗う / 歯を磨く		나1:	
		나2:	

2. 例のように文を作りましょう。

例)	週末、市場に行く / 服を買う / 食事はしない	가: <u>주말에 뭐 하세요?</u> 나: <u>시장에 가서</u> <u>옷은 사</u>지만 <u>식사는 안 해요</u>.
① 明日、図書館に行く / 本を借りる / 勉強しない		가: 나:
② 週末、書店に行く / 本をみる / 買わない		가: 나:
③ 昨日(하셨다)、PCを買う / ゲームをする / 仕事はしない		가: 나:
④ 昨年(하셨다)、釜山に行く / 地下鉄に乗る / バスは乗らない		가: 나:
⑤ 夕方、ご飯を作る / 弟と食べる / 一人では食べない		가: 나:

▌ 3．例のように文を作りましょう。

例）	勉強しない 頭が痛い / それで心配だ	가: 왜 <u>공부를 안 하</u>세요? 나: <u>머리가 아파</u>서 못 해요. <u>그래서</u> 걱정이에요.
① 学校に行かない		가:
足を怪我する / それで心配だ		나:
② 食事をしない		가:
歯が痛い / それで腹がすく		나:
③ 横にならない		가:
鼻が詰まる / しかし眠くない		나:
④ 靴を履かない		가:
足が痛い / しかし寒くない		나:
⑤ 言わない		가:
喉が痛い / さらに字も書けない		나:
⑥ 結婚しない		가:
忙しい / さらに家もない		나:

▌ 4．下記の語彙を指しながら相手に聞いてみましょう。

頭	顔	額	目	鼻	口	가: 어디가 아프세요?
唇	舌	耳	喉,首	肩	胸	나:＿＿고＿＿＿요.
腹	背中	腰	腕	脚	膝	
足	尻	だから	それで	従って	しかし	가:＿＿＿은/는 안 어때요?
ところが	そして	それから	しかも	さらに	または	나:＿＿＿지만＿＿＿요.
なぜなら	つまり	例えば	それでは	一方で	さて	

▌ 5．韓国旅行について下記の表現を使って書きましょう。

-고:羅列	
-지만:逆説	
-서:先行動作	
-서:理由	

수고하셨습니다!

워크북으로 복습하세요. 보고 있습니다.

第3部

ワークブック

第1課	**基本母音**	....	122
	母音制字原理、発音と書き順		
第2課	**子音**	....	123
	子音制字原理、発音と書き順		
第3課	**音節①（基本母音と子音の組み合わせ）**	....	124
	基本母音と子音の組み合わせ		
第4課	**活用（複合）母音**	....	125
	活用（二重＝複合）母音		
第5課	**音節②（活用母音と子音の組み合わせ）**	....	126
	二重母音と子音の組み合わせ		
第6課	**パッチム**	....	127
	終声＝パッチム		
第7課	**発音法則**	....	128
	発音変化の原因、6法則		
第8課	**日本語のハングル表記**	....	130
	日本語のハングル表記法		
第9課	**読み練習**	....	132
	授業で使う表現、基本挨拶		

▶ 発音しながら書きましょう。

이 二、歯								
오 五								
아이 子ども								
아우 弟								
오이 胡瓜								
여우 狐								
여우 余裕								
유아 幼児								
우유 牛乳								
이유 理由								
야유 やじ								

▶ 発音しながら書きましょう。

하 나 一			**오 차** 誤差			
이 자 利子			**사 유** 私有			
나 사 ネジ			**아 빠** パパ			
차 이 差異			**파 이** パイ			
마 하 マッハ			**하 다** する			
파 오 パオ			**사 이** 間			
유 사 類似			**여 가** 余暇			
여 파 余波			**마 차** 馬車			
타 다 乗る			**이 사** 引っ越し			
가 사 家事			**아 마** 多分			
이 마 額			**가 자** 行こう			

▶ 発音しながら書きましょう。

가구 家具			사기 詐欺			
고무 ゴム			서고 書庫			
머리 頭			스타 スター			
기차 汽車			시야 視野			
가무 歌舞			여고 女子高			
나비 蝶々			사표 辞表			
다시 また			토끼 ウサギ			
머루 山葡萄			차녀 次女			
모교 母校			파리 ハエ			
보도 歩道			코뼈 鼻の骨			
버터 バーター			포도 ブドウ			

▶ 発音しながら書きましょう。

애 처 愛妻				누 에 カイコ				
얘 기 話				파 워 パワー				
예 비 予備				애 수 哀悼				
에 고 エゴ				조 예 造詣				
너 와 屋根用材料				와 이 Y				
왜 소 矮小				노 예 奴隷				
예 외 疎外				외 모 外見				
위 도 緯度				의 도 意図				
워 치 ウオッチ				포 위 包囲				
거 위 ガチョウ				시 위 デモ				
의 자 椅子				의 의 意義				

第5課　音節②（活用母音と子音の組み合わせ）

▶ 発音しながら書きましょう。

회 의 会議				**의 미** 意味			
가 게 店				**야 채** 野菜			
유 쾌 愉快				**노 래** 歌			
새 끼 （動物）子				**메 기** ナマズ			
돼 지 豚				**궤 도** 軌道			
괴 수 怪獣				**회 계** 会計			
과 거 過去				**사 과** リンゴ			
기 회 機会				**쥐 치** カワハギ			
취 미 趣味				**예 배** 礼拝			
화 폐 貨幣				**소 화** 消化			
세 계 世界				**퇴 사** 退社			

▶ **発音しながら書きましょう。**

계 란 鶏卵			여 덟 8		
숯 탄 炭燃えかす			닭 찜 (鳥料理名)		
받 침 パッチム			운 전 運転		
한 강 (川名)			싫 다 嫌い		
풀 잎 草葉			맞 춤 注文品		
공 감 共感			한 글 ハングル		
품 삯 賃金			훑 다 しごく		
팥 빵 アンパン			접 촉 接触		
건 강 健康			많 이 沢山		
일 부 一部			묶 음 束		
삶 다 煮る			깃 털 羽毛		

▶ 連音化·流音化·口蓋音化·激音化の練習

졸음 (眠気)	→	조름	졸음	묻히다 (埋まる)	→		
한류 (韓流)	→			언론 (言論)	→		
곧이 (そのまま)	→			권력 (権力)	→		
받히다 (突かれる)	→			식욕 (食欲)	→		
복합 (複合)	→			단어 (単語)	→		
난로 (暖炉)	→			좋아요 (良いです)	→		
복어 (ふぐ)	→			진로 (進路)	→		
침입 (侵入)	→			약혼 (婚約)	→		
잡화 (雑貨)	→			젊음 (若さ)	→		
맏이 (長子)	→			혹한 (酷寒)	→		
원료 (原料)	→			맏형 (長兄)	→		

▶ 濃音化・鼻音化の練習

국 사 国史	→	국싸	국사	**앉 다** 座る	→	
창 립 創立	→			**합니다** します	→	
접 시 皿	→			**없 다** ない	→	
학 년 学年	→			**축 구** サッカー	→	
입니다 〜です	→			**국 민** 国民	→	
발 견 発見	→			**색 상** 色相	→	
등 불 灯火	→			**입 국** 入国	→	
글 자 文字	→			**입 력** 入力	→	
불 상 仏像	→			**입 금** 入金	→	
떡 국 餅スープ	→			**작 곡** 作曲	→	
칫 솔 歯ブラシ	→			**꽃 길** 花道	→	
쌈 밥 包みご飯	→			**숙 련** 熟練	→	

▶ 五十音：発音しながら書きましょう。

あ	か	さ	た	な	は	ま	や	ら	わ	
い	き	し	ち	に	ひ	み		り		
う	く	す	つ	ぬ	ふ	む	ゆ	る		ん
え	け	せ	て	ね	へ	め		れ		
お	こ	そ	と	の	ほ	も	よ	ろ	を	

▶ 濁音、半濁音：発音しながら書きましょう。

が	ざ	だ	ば	ぱ
ぎ	じ	ぢ	び	ぴ
ぐ	ず	づ	ぶ	ぷ
げ	ぜ	で	べ	ぺ
ご	ぞ	ど	ぼ	ぽ

이름　<u>　キムハングック　</u>
　　　　김한국

名前　<u>　ベッキ キョウコ　</u>
　　　　벳키 교코

氏　　　성	名　　　명

▶ 小書き文字：発音しながら書きましょう。

きゃ	しゃ	ちゃ	ひゃ	みゃ	りゃ
きゅ	しゅ	ちゅ	ひゅ	みゅ	りゅ
きょ	しょ	ちょ	ひょ	みょ	りょ

ぎゃ	じゃ	びゃ	ぴゃ
ぎゅ	じゅ	びゅ	ぴゅ
ぎょ	じょ	びょ	ぴょ

▶ 地名

＜ほっかいどう＞	さっぽろし	はこだて	あさひかわ
＜とうほく＞	あおもりけん	やまがた	ふくしま
あきた	みやぎ	いわて	もりおか
＜かんとう＞	いばらき	ぐんま	とちぎ
＜ちゅうぶ＞	やまがた	ながの	にいがた
ふくい	とやま	いしかわ	しずおか
ぎふ	あいち	なごやし	おかざき
＜きんき＞	みえ	しが	きょうとふ
おおさかふ	ひょうご	なら	わかやま
＜ちゅうごく＞	とっとり	しまね	おかやま
ひろしま	やまぐち	しものせき	うべ
＜しこく＞	かがわ	えひめ	とくしま
こうち	たかまつ	まつやま	さぬき

読み練習

▶ 수업 시간에 쓰는 표현 **(授業時間に使う表現)**

	授業を始めます	授業を終わります
前を見て下さい		
本を開いて下さい		
よく聞いて下さい		
もう一度聞いて下さい		
ついて言って下さい		
聞いてから答えて下さい		
ついて読んで下さい		
読みながら書いて下さい		
もう一度、言って下さい		
単語を覚えて下さい		
お疲れ様でした		
来週会いましょう		

わかりますか	はい、わかります	いいえ、よくわかりません
質問ありますか	はい、あります	いいえ、ありません

가.	どこですか	가.	いくらですか
가.	誰ですか	가.	好きですか

가.	나.
こんにちは。	こんにちは。
가.	나.
名前は何ですか。	私はキムミナです。
가.	나.
感謝します。	ありがとうございます。
가.	나.
すみません。	ごめんないさい。
가.	나.
さようなら。（そこでゆっくりして下さい）	さようなら。（気をつけて帰って下さい）
가.	나.
（危ないから）気をつけて帰って下さい。	はい。気をつけて帰って下さい。
가.	나.
食事なさいましたか。	はい。しました。
가.	나.
ご飯食べましたか。	はい。食べました。
가.	나.
久しぶりです。元気でしたか。	はい。元気でした。
가.	나.
失礼します。	ちょっと待って下さい。
가.	나.
大丈夫ですか。／（もう）良いですか。	大丈夫です。／（もう）良いです。
가.	나.
美味しいです。	不味いです。
가.	나.
お腹すきました。頂きます。	お腹いっぱいです。ごちそうさまでした。

第1課	고향은 오이타입니다. 〜です（か）、〜と申します	……………………	136
第2課	취미는 등산이 아닙니다. 〜ではありません（か）	……………………	138
第3課	이 건물은 무엇입니까? 指示・疑問代名詞（何、どこ）	……………………	140
第4課	주말은 무엇을 합니까? 〜ます（か）、〜に会う	……………………	142
第5課	오이타의 날씨는 어떻습니까? 位置表現（所・方）	……………………	144
第6課	휴일에 무엇을 하십니까? 敬語	……………………	146
第7課	이분은 누구예요? 〜です（か）人称・疑問代名詞、〜が好き、〜が良い	……………………	148
第8課	너무 배고파요. 〜ます・です（か）【基本形】	……………………	150
第9課	여름에도 온천을 해요? 〜ます・です（か）【変則形】、丁寧化のマーカー	……………………	152
第10課	무슨 일 생겼어요? 過去形	……………………	154
第11課	집에 택시로 가고 있어요. 〜ている	……………………	156
第12課	여기에서 얼마나 걸려요? 漢数字	……………………	158
第13課	몇 시에 일어나요? 固有数字	……………………	160
第14課	3월생이라서 1년 일찍 입학했어요. 〜なので、〜ですね	……………………	162
第15課	왜 고향에 안 가요? 否定表現（〜しない、〜できない）	……………………	164
第16課	저도 가고 싶어요. 다 같이 갑시다. 勧誘・意志・希望表現	……………………	166
第17課	혹시 있으면 일주일만 빌려 주세요. 敬語の勧誘命令、仮定形	……………………	168
第18課	약을 먹었지만 계속 아프고 자꾸 졸려요. 接続副詞、〜て	……………………	170

1 例のように文を作りましょう。

例 ）	日本人	저는 <u>일본 사람</u>입니다.	私は<u>日本人</u>です。

① 学生	② 美容師
③ 警察官	④ 漁師
⑤ 教師	⑥ 大学教授
⑦ 俳優	⑧ 歌手
⑨ 運転手	⑩ 農夫

2 例のように文を作りましょう。

例 ）	母 / 教授	가: <u>어머니</u>는 <u>교수</u>입니까?	<u>母</u>は<u>教授</u>ですか。
		나: 네. <u>교수</u>입니다.	はい。<u>教授</u>です。

① 父 / 消防士	가:
	나:
② 祖父 / コック	가:
	나:
③ 祖母 / 薬剤師	가:
	나:
④ 友達 / 農夫	가:
	나:
⑤ 故郷 / ソウル	가:
	나:

③ 質問に韓国語で自由に答えましょう。

例） 유나 / 日本人 / 韓国人　　가: 유나는 <u>일본 사람</u>입니까?　　ユナは<u>日本人</u>ですか。
　　　　　　　　　　　　　　　　나: 아니요. <u>한국 사람</u>입니다.　　いいえ。<u>韓国人</u>です。

① 해리 / 韓国人 / イギリス人　　가:
　　　　　　　　　　　　　　　나:

② 파울 / タイ人 / ドイツ人　　가:
　　　　　　　　　　　　　　나:

③ 페터 / イギリス人 / オランダ人　　가:
　　　　　　　　　　　　　　　　나:

④ 오 / 中国人 / 日本人　　가:
　　　　　　　　　　　　나:

⑤ 노아 / 韓国人 / オーストラリア人　　가:
　　　　　　　　　　　　　　　　　　나:

④ 自己紹介文を書きましょう。

こんにちは。はじめまして。

私はハットリ　イチロウと申します。

故郷は大分県別府市です。

学生です。○○大学

○○学科1年生です。

趣味は読書です。

私はBTSが好きです。

お会いできて本当に嬉しいです。

これから宜しくお願いします。

취미는 등산이 아닙니다.

1 下記をハングルで書きましょう。

読書	映画鑑賞	音楽鑑賞
旅行	登山	釣り
生花	楽器演奏	書道（書芸）
茶道	囲碁	ゲーム
料理	運動	写真
絵	外国語	ドライブ
栗	梨	ミカン
ブドウ	柿	イチゴ
モモ	スイカ	スモモ
メロン	オレンジ	マクワウリ

2 例のように文を作りましょう。

例）	読書	가 : <u>독서</u>가　취미입니까?	<u>読書</u>が趣味ですか。
		나 : 아니요.　<u>독서</u>가　아닙니다.	いいえ。<u>読書</u>ではありません。

① 映画鑑賞　가 :

　　　　　　나 :

② 登山　가 :

　　　　나 :

③ 釣り　가 :

　　　　나 :

④ 書道（書芸）　가 :

　　　　　　　나 :

⑤ 茶道　가 :

　　　　나 :

3 例のように文を作りましょう。

例)	旅行 / 読書	가 : 취미는　여행이　아닙니까？ 趣味は旅行ではありませんか。 나 : 네 , 여행이　아닙니다 .　독서입니다 . はい。旅行ではありません。読書です。
① 写真 / ゲーム		가 : 나 :
② 旅行 / 読書		가 : 나 :
③ 囲碁 / 映画鑑賞		가 : 나 :
④ 写真 / 絵		가 : 나 :
⑤ 楽器演奏 / 音楽鑑賞		가 : 나 :

4 例のように文を作りましょう。

例)	果物 / 初めて	가 : 과일이　처음입니까？　　果物が初めてですか。 나 : 아니요 , 처음이　아닙니다 .　いいえ。初めてではありません。
① マクワウリ / 初めて		가 : 나 :
② スイカ / 果物		가 : 나 :
③ ブドウ / 野菜		가 : 나 :
④ 柿 / 野菜		가 : 나 :
⑤ スモモ / 野菜		가 : 나 :

1　下記をハングルで書きましょう。

博物館	郵便局	病院	劇場
警察署	市役所	銀行	薬局
消防署	図書館	空港	美容室
市場	学校	コンビニ	食堂
スーパー	塾	教会	カラオケ
百貨店	駐車場	店	ガソリンスタンド
本	教科書	定規	辞書
書類	筆箱	ノリ	ボールペン
手帳	ノート	ハサミ	鉛筆
消しゴム	紙	カッター	シャーペン
付箋	テープ	机	ペン
椅子	カレンダー	電話	メガネ

2　例のように文を作りましょう。

例) 銀行	가: 이 건물은 무엇입니까?	この建物は何ですか。
	나: 그 건물은 은행입니다.	その建物は<u>銀行</u>です。

① 博物館　가:
　　　　　　나:

② 市役所　가:
　　　　　　나:

③ 美容室　가:
　　　　　　나:

④ カラオケ　가:
　　　　　　나:

⑤ コンビニ　가:
　　　　　　나:

3 例のように文を作りましょう。

例)	ここ / そこ / 学校	가: <u>여기는</u> 어디입니까?	<u>ここ</u>はどこですか。
		나: <u>거기는</u> 학교입니다.	<u>そこ</u>は学校です。

① そこ / そこ / 食堂　가:

　　　　　　　　　　　나:

② あそこ / そこ / 店　가:

　　　　　　　　　　　나:

③ そこ / ここ / 駐車場　가:

　　　　　　　　　　　나:

④ ここ / そこ / 市場　가:

　　　　　　　　　　　나:

⑤ そこ / あそこ / 空港　가:

　　　　　　　　　　　나:

4 例のように文を作りましょう。

例)	これが / それは / 辞書	가: <u>이게</u> 뭡니까?	<u>これが</u>（は）何ですか。
		나: <u>그건</u> 사전입니다.	<u>それが</u>（は）辞書です。

① それが / これは / 鉛筆　가:

　　　　　　　　　　　나:

② これが / これは / シャーペン　가:

　　　　　　　　　　　나:

③ あれが / あれは / メガネ　가:

　　　　　　　　　　　나:

④ これが / それは / 定規　가:

　　　　　　　　　　　나:

⑤ それが / それは / ハサミ　가:

　　　　　　　　　　　나:

1 下記をハングルで書きましょう。

家＝住宅	マンション	戸建住宅	家賃	引っ越し
部屋	リビング	台所	トイレ	お風呂
玄関	階段	扉＝門	窓	床
家具	衣装箪笥	引き出し	本棚	テーブル
椅子	ベッド	ソファー	カーテン	カーペット
布団	枕	座布団	エアコン	扇風機
電子レンジ	冷蔵庫	洗濯機	掃除機	テレビ
家事	ゴミ	洗濯	掃除	食器洗い

2 例のように 「ㅂ니다/ㅂ니까?　습니다/습니까?」 の文を作りましょう。

行く 가다	갑니다. 갑니까?	見る 보다	する	習う
読む		来る	食べる	起きる
洗う		歩く	書く、使う	風呂に入る
休む		買う	寝る	運動する
聞く		乗る	住む	掃除する
作る		尋ねる	知る	洗濯する
会う		飲む	遊ぶ	料理する
知らない		呼ぶ、歌う	通う	はじめる

3 例のように文を作りましょう。

例)	本を読む	가: 무엇을 합니까?	何をしますか。
		나: <u>책을 읽습니다.</u>	<u>本を読みます</u>。
① 音楽を聴く		가:	
		나:	
② 水を飲む		가:	
		나:	
③ 友達を呼ぶ		가:	
		나:	
④ 部屋を掃除する		가:	
		나:	
⑤ 勉強をはじめる		가:	
		나:	

4 例のように文を作りましょう。

例)	友達、勉強をする	가: 주말은 뭘 합니까?	週末は何をしますか。
		나: <u>친구</u>와 <u>공부를</u> 합니다.	<u>友達</u>と<u>勉強</u>をします。
① 先生、コーヒを作る		가:	
		나:	
② チカ、運動をはじめる		가:	
		나:	
③ ナオ、服を買う		가:	
		나:	
④ 지민、家事をする		가:	
		나:	
⑤ 현빈、トイレを掃除する		가:	
		나:	

제 5 과   오이타의 날씨는 어떻습니까?

1 下記をハングルで書きましょう。

前	後ろ	横	側
上	下	（物の）下	真ん中
左側	右側	前	東西南北
外	表	内	中
安い	値）高い	長い	短い
暑い	寒い	熱い	冷たい
良い	悪い	多い	少ない
大きい	小さい	美味しい	不味い
遠い	近い	難しい	易しい
高い	低い	面白い	面白くない
重い	軽い	嬉しい	悲しい
速い	遅い	暖かい	涼しい
晴れる	曇る	蒸し暑い	肌寒い

2 例のように文を作りましょう。

例） 大分 / 寒い / 暑い	가: 오이타는 춥습니까? 大分は寒いですか。
	나: 아니요. 덥습니다. いいえ。暑いです。

① 授業 / 長い / 短い

가:

나:

② 冷麺 / 熱い / 冷たい

가:

나:

③ 映画 / 面白くない / 面白い

가:

나:

④ 学校 / 遠い / 近い

가:

나:

⑤ 弁当 / 熱い / 冷たい

가:

나:

3 例のように文を作りましょう。

例） 韓国 / 日本の下 / 隣	가: 한국은 일본 밑에 있습니까? 韓国は日本の下にありますか。
	나: 아뇨, 일본 옆에 있습니다. いいえ。日本の隣にあります。

① ミナさん / チカの左側 / 右側

가:

나:

② 駐車場 / 家の中 / 家の外

가:

나:

③ 門 / 西側 / 東側

가:

나:

④ 本棚 / 机の下 / 机の上

가:

나:

⑤ 電子レンジ / 棚の下 / 棚の上

가:

나:

제6과 휴일에 무엇을 하십니까?

① 下記をハングルで書きましょう。

服	シャツ	セーター	コート
ジャケット	ダウンジャケット	ワンピース	スーツ
下着	上着	スカート	ズボン
靴下	伝統足袋	ストッキング	靴
革靴	運動靴	スリッパ	ブーツ
帽子	メガネ	サングラス	マスク
傘	時計	ネックレス	ブレスレット
革帯	手袋	指輪	イヤリング
マフラー	カバン	リュック	ハンドバック
ネクタイ	ベルト	靴紐	上足袋
行かれる	ご覧になる	なさる	学ばれる
読まれる	来られる	召し上がる	起きられる
洗う	歩かれる	書かれる	風呂に入る
お休みになる	買われる	お休みになる	運動をなさる
お聞きになる	乗られる	お住いになる	掃除をなさる
お作りになる	お聞きになる	ご存じ	洗濯をなさる
会われる	召し上がる	遊ぶ	料理をなさる
知らない	呼ばれる	お通いになる	歌われる
笑われる	泣かれる	お掛けになる	生じる、できる
着られる	お履きになる	被られる	はめられる
担ぐ	持たれる	諦める	外す

2 例のように敬語で文を作りましょう。

例)	スーツを着る	가: 선생님께서는 무엇을 하십니까? 先生は何をなさいますか。 나: <u>정장을 입으십니다</u>. <u>スーツをお召になり</u>ます。
① ダウンジャケットを脱ぐ		가: 나:
② 靴下を履く		가: 나:
③ マスクをはめる		가: 나:
④ カバンを持つ		가: 나:
⑤ ネクタイを締める		가: 나:

3 例のように文を作りましょう。

例)	（お父さんは） 日曜日 友達と遊ぶ / 勉強をする	가: (아버지께서는) 일요일에 무엇을 하십니까? 日曜日に何をなさいますか。 나: <u>친구와 노시거나 공부를 하십니다</u>. 友達と遊んだり勉強をなさいます。
① 週末、お酒を飲む / 歌を歌う		가: 나:
② 休日、マートに行く / 服を買う		가: 나:
③ 週末の朝、風呂に入る / ビールを飲む		가: 나:
④ 休日の昼、ショッピングをする / 雑誌を読む		가: 나:
⑤ 週末の夕、韓国語を習う / Youtubeをみる		가: 나:

1　下記をハングルで書きましょう。

私	私が	俺	俺が
お前	お前の	彼	彼女
家族	親戚	祖父	祖母
伯父	叔父	伯母	叔母
お父さん	パパ	お父様	母の女兄弟
お母さん	ママ	お母様	母の男兄弟
いとこ	（女）兄	（女）姉	妹
妻	（男）兄	（男）姉	弟
夫	甥	嫁	婿
孫	性別	男子	女子

2　例のように文を作りましょう。

例）	この人 / 祖父	가: 이　사람은　누구예요?　この人は誰ですか。 나: 우리　할아버지예요.　私の祖父です。
① あの女、（女の立場）姉	가:	
	나:	
② あの女、（男の立場）姉	가:	
	나:	
③ この女、妹	가:	
	나:	
④ その男、息子	가:	
	나:	
⑤ その方、伯父	가:	
	나:	

3 例のように文を作りましょう。

例)	父 / 母	가: 아버지가　제일　좋습니까?　父が一番好きですか。
		나: 어머니를　제일　좋아합니다.　母が一番好きです。

① 息子 / 娘 　가:
　　　　　　　나:

② パパ / ママ 　가:
　　　　　　　나:

③ 孫 / 孫娘 　가:
　　　　　　　나:

④ キム先生 / ファン先生 　가:
　　　　　　　　　　　　　나:

⑤ 伯母 / 叔母 　가:
　　　　　　　나:

4 例のように文を作りましょう。

例)	誰が背が高い	가: 누가　키가　큽니까?　誰が (背が) 高いですか。
	ママ / パパ	나: 엄마보다　아빠가　큽니다.　ママよりパパが高いです。

① 何が美味しい 　가:

寿司 / 焼き肉 　나:

② 誰の性格が悪い 　가:

伯父 / 叔母 　나:

③ どこが暑い 　가:

福岡 / 鹿児島 　나:

④ どこが寒い 　가:

東京 / 札幌 　나:

⑤ 誰が可愛い 　가:

지수 / 제니 　나:

너무 배고파요.

1 下記をハングルで書きましょう。

食事類	焼き飯	ビビンパ	石焼ビビンバ
豚丼	味噌鍋	キムチ鍋	スンドゥブチゲ
珍味類	豆乳麺	冷麺	イカ炒め丼
粉食	ラーメン	餅ラーメン	餃子ラーメン
手打ちうどん	餅スープ	餃子スープ	餅餃子スープ
しこしこ麺	入麺	ビビン麺	トッポギ
おやつ類	豚腸詰め	ラポギ	プルゴギキンパ
飲料水	キンパ	ツナキンパ	牛肉キンパ
水	たくあん	セルフ	おでん汁

2 「-아요/어요」体で書きましょう。

行く	みる	くれる	習う、学ぶ
読む	来る	食べる	起きる
洗う	探す	書く	帰って行く
休む	買う	寝る	帰ってくる
もらう	乗る	住む	連れて行く
作る	つける	知る	連れてくる
会う	消す	遊ぶ	現れる
かかる	売る	飛ぶ	通う
笑う	泣く	座る	飲む
着る	履く	担ぐ	教える
つける	持つ	はめる	生じる できる

3 例のように敬語で文を作りましょう。

例）	ご飯を食べる / 家	가: 어디에서　밥을　먹어요? どこでご飯を食べますか。 나: 집에서　먹어요.　　　家で食べます。
① 休む / 部屋		가: 나:
② 靴を履く / 玄関		가: 나:
③ 寝る / ベッド		가: 나:
④ 韓国語を学ぶ / 大学		가: 나:
⑤ 果物を買う / 市場		가: 나:

4 例のように文を作りましょう。

例）	本を見る 図書館 / 友達	가: 어디에서　누구하고　책을　봐요? 　　どこで誰と本をみますか。 나: 도서관에서　친구하고　책을　봐요. 　　図書館で友だちと本をみます。
① 住む 東京 / 妹		가: 나:
② 英語を学ぶ 塾 / 母		가: 나:
③ おやつを食べる 部屋 / 弟		가: 나:
④ ビールを飲む 風呂 / 友達		가: 나:
⑤ 地下鉄に乗る ソウル / 母		가: 나:

1　下記をハングルで書きましょう。

いつも	頻繁に	時々	ほぼ	全く
とても	とても	とても	かなり	
本当に	本当に	必ず	必ず	
一緒に	一緒に	速く	ゆっくり	
沢山=結構	少し	毎日	先に	
今	あまり	一生懸命	一人で	

2　「-아요/어요」体で書きましょう。

暑い	難しい	軽い	手伝う
暗い	可愛い	汚い	楽しい
速い	育てる	違う	満腹だ
低い	注ぐ	つくる	引く
歩く	聞く	尋ねる	悟る
積む	楽だ	便利だ	綺麗だ
不便だ	強い	弱い	疲れる
おかしい	済まない	似ている	静かだ
こうだ	そうだ	ああだ	どうだ
赤い	青い	黄色い	白い

3　例のように文を作りましょう。

例）	大分の天気 / 結構暑い	가: 오이타의　날씨는　어때요? 　　大分の天気はどうですか。 나: 많이　더워요. 　　結構暑いです。
① KTX / とても速い 가: 나:		② ボーイフレンド / とても格好いい 가: 나:

③ ママのハンドバック / 重い	④ 韓国旅行 / 本当に楽しい
가:	가:
나:	나:

4 例のように文を作りましょう。

例)	大分は温泉がとても良い	가: <u>오이타는　온천이　아주　좋아요.</u> <u>大分は温泉がとても良いです。</u> 나: <u>온천</u>이요? <u>温泉ですか。</u>
① 来年には高級車を買う		가:
		나:
② ベッドで猫と寝る		가:
		나:
③ 日本は交通費が高い		가:
		나:

5 例のように文を作りましょう。

例)	민우는 誰と似ている / BTS 지민	가: <u>민우는　누구하고　비슷해요?</u> <u>ミヌは誰に似ていますか。</u> 나: <u>BTS　지민</u>이요. <u>BTSのジミンです。</u>
① ミウは誰を手伝う / お婆さん		가:
		나:
② 韓国は何が速い / 配達		가:
		나:
③ ナミの成績はどうだ / 1等		가:
		나:
④ どの部屋が綺麗だ / ママの部屋		가:
		나:
⑤ ソウルは何が便利だ / ショッピング		가:
		나:

1 「-아요/어요」体で書きましょう。

	아/어요	ㅆ어요		아/어요	ㅆ어요		아/어요	ㅆ어요
可愛い			汚い			違う		
楽しい			楽だ			便利だ		
不便だ			強い			弱い		
おかしい			すまない			似ている		
こうだ			そうだ			ああだ		
赤い			青い			黄色		
黒い			綺麗だ			暗い		
痛い			きれいだ			疲れる		
静かだ			白い			恥ずかしい		

2 例のように文を作りましょう。

日曜日 / 友達と遊んだ	가: 일요일에 뭐 했어요? 日曜日に何をしましたか。
例)	나: 친구하고 놀았어요. 友だちと遊びました。

① 土曜日、故郷に帰った　가:
　　　　　　　　　　　　나:

② 週末、駅で友達を待った　가:
　　　　　　　　　　　　　나:

③ 年末、家族とソウルに行った　가:
　　　　　　　　　　　　　　　나:

④ 夏休み、絵を学んだ　가:
　　　　　　　　　　　나:

⑤ 春休み、父の仕事を手伝った　가:
　　　　　　　　　　　　　　　　나:

3 例のように文を作りましょう。

例)	駅 / 服を買う	가:	<u>역에</u> 뭐 하러 가요? <u>駅</u>に何をしに行きますか。
		나:	<u>옷을 사러</u> 가요. <u>服を買い</u>に行きます。
① 図書館 / 本を読む		가:	
		나:	
② 飲食店 / ご飯を食べる		가:	
		나:	
③ コンビニ / おにぎりを買う		가:	
		나:	
④ 市役所 / 書類を申請する		가:	
		나:	
⑤ 果物の店 / イチゴを買う		가:	
		나:	

4 例のように文を作りましょう。

例)	大邸旅行 / とても楽しかった	가:	대구 여행은 어땠어요? <u>大邸旅行</u>はどうでしたか。
		나:	매우 즐거웠어요. <u>とても楽しかった</u>です。
① 合コン(미팅) 本当に恥ずかしかった		가:	
		나:	
② 日本留学 一人で一生懸命勉強した		가:	
		나:	
③ トイレ 少し汚かった		가:	
		나:	
④ 相手のチーム 結構強かった		가:	
		나:	
⑤ その海の色 本当に青かった		가:	
		나:	

1　下記をハングルで書きましょう。

平日	朝	昼	夕
日	昨日	今日	明日
曜日	先週	今週	来週
月	先月	今月	来月
年	昨年	今年	来年
週末	午前／午後	昼／夜	休日
徒歩	電車	個人タクシー	模範タクシー
乗用車	地下鉄	高速バス	救急車
車	汽車	船	警察車
軽車	（高速列車）	旅客船	遊覧船
飛行機	オートバイ	スクーター	自転車

2　例のように「-고!있어요」の文を書きましょう。

学校で勉強する 例 ）	가: 뭐　하고　있어요? 何をしていますか。 나: <u>학교에서　공부하고　있어요.</u> <u>学校で勉強し</u>ています。

① テレビの前で笑う　　가:
　　　　　　　　　　　나:

② 脱衣室で服を着る　　가:
　　　　　　　　　　　나:

③ トイレでベルトをしめる　가:
　　　　　　　　　　　나:

④ 劇場で映画を観る　　가:
　　　　　　　　　　　나:

⑤ デパートでズボンを買う　가:
　　　　　　　　　　　나:

③ 例のように文を作りましょう。

例）	明日、学校 / バス	**가:** <u>내일 학교</u>에 어떻게 가요? 明日学校にどうやって行きますか。 **나:** <u>버스로</u> 가요. バスで行きます。
①	来年、釜山 / 船	**가:** **나:**
②	夜、警察署 / 警察車	**가:** **나:**
③	休日、福岡空港 / 地下鉄	**가:** **나:**

④ 例のように文を作りましょう。

例）	学校に行く	**가:** 혜리는 뭐 하고 있어요? ヘリは何をしていますか。 **나:** <u>학교에 가</u> 있어요. 学校に行っています。
①	市役所に来る	**가:** **나:**
②	車に残る	**가:** **나:**
③	ベッドに横になる 彼は生きる	**가:** **나:**

⑤ 例のように文を作りましょう。

例）	部屋に灯りが付く	**가:** <u>방에 불이 켜</u> 있어요? 部屋に灯りが付いていますか。 **나:** 네, <u>켜</u> 있어요. はい。<u>付い</u>ています。
①	彼は生きる	**가:** **나:**
②	壁にガムが付く	**가:** **나:**
③	机の上にメガネが置かれる（置く）	**가:** **나:**

여기에서 얼마나 걸려요?

1 下記をハングルで書きましょう。

1	2	3	4	5
6	7	8	9	10
11	12	13	14	15
16	17	18	19	20
30	40	50	60	70
80	90	百	千	万
十万	百万	一千万	億	ゼロ
年	月	日	分	秒
ウォン	番	度	階	歳

2 例のように文を作りましょう。

例）	これ 1,000ウォン	가: <u>이거</u> 얼마예요?　　<u>これ</u>いくらですか。 나: <u>천원</u>이에요.　　　　<u>1,000ウォン</u>です。
① それ、250ウォン	가:	
	나:	
② この教科書、4,300円	가:	
	나:	
③ このノートパソコン 2,480,000ウォン	가:	
	나:	
④ その車 38,500,000ウォン	가:	
	나:	
⑤ あの家 1,260,000,000ウォン	가:	
	나:	

3 例のように文を作りましょう。

例)	誕生日 4月13日	가: 생일이 언제예요?　誕生日がいつですか。 나: 사월 십삼일이에요.　4月13日です。
① 師匠（스승）の日、5月15日		가: 나:
② ハングルの日、10月9日		가: 나:
③ 両親（어버이）の日、5月8日		가: 나:
④ 軍人（국군）の日、10月1日		가: 나:
⑤ ホワイトデー、3月14日		가: 나:

4 例のように文を作りましょう。

例)	学校 車 / 約10分	가: 학교는 집에서 얼마나 걸려요? 学校は家からどれくらいかかりますか。 나: 차로 약 십 분 걸려요. 車で約10分かかります。
① 警察署、車 / 約30分		가: 나:
② 美容室、電車 / 15分		가: 나:
③ 書店、スクーター / 約20分		가: 나:
④ 駐車場、自転車 / 約5分		가: 나:
⑤ コンビニ、徒歩 / 約10分		가: 나:

몇 시에 일어나요?

1 下記の固有数字をハングルで書きましょう。

1	2	3	4	5
6	7	8	9	10
20	30	40	50	60
70	80	90	1時	2時
3時	4時	5時	6時	7時
8時	9時	10時	11時	12時
1時間	2時間	3時間	4時間	12時間
～歳	～個	～人	～回	～番目
～冊	～匹	～台	～枚	～杯
～回	～本（瓶)	～本（花)	～本（木)	～本（筆)

2 例のように文を作りましょう。

例）	学校 / 何時からはじめる 午前8時	가: 학교는 몇 시부터 시작해요? 学校は何時からはじめますか。 나: 오전 8시부터 시작해요. 午前8時からはじめます。
① 今日 / 何時に起きた 朝5時半	가: 나:	
② 昨日 / 何時に寝た 夜11時	가: 나:	
③ 英語授業は何時から何時まで 朝9時から10時半まで	가: 나:	
④ 一日に何時間寝る 6時間	가: 나:	

3 例のように文を作りましょう。

예문	何歳	**가:** 몇 살이에요?	何歳ですか。
	19歳	**나:** <u>열아홉</u> 살이에요.	19歳です。

① 1日に何回足を洗う　**가:**

2回　**나:**

② 韓国の友達は何人いる　**가:**

3名　**나:**

③ 何回目食事　**가:**

2回目　**나:**

④ 1年に本何冊読む　**가:**

15冊　**나:**

⑤ シャーペン何本ある　**가:**

5本　**나:**

4 例のように文を作りましょう。

예문	キュウリ1個、大根2個	**가:** 뭐 드릴까요? 何を差し上げましょうか。 **나:** <u>오이 한 개</u>하고 <u>무 두 개</u> 주세요. キュウリ1個と大根2個下さい。

① サツマイモ3個、人参5個　**가:**

나:

② ネギ2束、キャベツ4個　**가:**

나:

③ 玉ねぎ5個、ジャガイモ10個　**가:**

나:

④ キノコ15個、ピーナッツ1袋　**가:**

나:

⑤ 白菜4個、ニラ2束　**가:**

나:

1　下記をハングルで書きましょう。

国公立	私立	保育園	幼稚園
小学校	中学校	高等学校	大学
塾	学費	奨学金	留学
入学	卒業	休学	復学
自主退学	退学	開講	終講
講義室	出席	早退	欠席
授業	講義	宿題	課題
成績	試験	予習	復習
給食	部活	年生	時間目
国語	英語	数学	算数
社会	科学	技術	生活
道徳	体育	美術	音楽

2　例のように文を作りましょう。

例）	音楽教室に通う / 音痴	가: 왜　음악　학원에　다녀요? なぜ音楽教室に通いますか。 나: 음치라서　다녀요. 音痴なので通います。
① 授業を休む / 風邪	가:	
	나:	
② 早く寝る / 頭痛	가:	
	나:	
③ 半ズボンを履く / 夏	가:	
	나:	
④ このカバンは安い / セール	가:	
	나:	
⑤ ソウルは寒い / 北側	가:	
	나:	

3 例のように文を作りましょう。

例)	夏の休暇 / 釜山	**가:** <u>여름　휴가</u>는　어디로　가요? <u>夏の休暇</u>はどこへ行きますか。 **나:** <u>부산</u>으로　가요. <u>釜山</u>へ行きます。
①	週末の旅行 湯布院	**가:** **나:**
②	新婚旅行 チェジュ島	**가:** **나:**
③	アルバイトをしに 大分空港	**가:** **나:**
④	城をみに 熊本	**가:** **나:**
⑤	エゴマの葉を買いに 密陽（밀양）	**가:** **나:**

4 例のように文を作りましょう。

例)	突然雨が降る 沢山降る	**가:** <u>갑자기　비가　오네요!</u>　　<u>突然雪が降り</u>ますね。 **나:** <u>비가　많이　오는군요.</u>　　<u>雪が沢山降り</u>ますね。
①	あの人は綺麗だ 背も高い	**가:** **나:**
②	韓国語がとても上手だ 文章も立派だ	**가:** **나:**
③	女の子が本当に可愛い 脚も本当にキレイ	**가:** **나:**
④	あの店はすごく安い 量も多い	**가:** **나:**
⑤	大学生活はとても楽しい 友達も多い	**가:** **나:**

1 **下記をハングルで書きましょう。**

花	木	葉	根
実	種	枝	草
芝生	松	ブナ	竹
杉	ヒノキ	椿	ムクゲ
桜	ツツジ	レンギョウ	ひまわり
菊	梅	バラ	ユリ
鳥	鷲	ガン	鳩
カササギ	カラス	スズメ	鴨
鶏	ひよこ	虫	昆虫
ハエ	蚊	ハチ	チョウ
ホタル	ゴキブリ	バッタ	カブトムシ

2 **例のように文を作りましょう。**

例) 会社に行く	가: 회사에　안　가요?	会社に行きませんか。
	나: 네.　가지　않아요.	はい。行きません。

① 風呂で足を洗う　　가:

　　　　　　　　　　나:

② 公園で子どもと遊ぶ　가:

　　　　　　　　　　나:

③ ソウルで地下鉄に乗る　가:

　　　　　　　　　　나:

④ 韓国人に日本語を教える　가:

　　　　　　　　　　나:

⑤ 週末に英語の宿題をする　가:

　　　　　　　　　　나:

3 **例のように文を作りましょう。**

例）	キムチを食べる	가: <u>김치를</u> 못 <u>먹어요</u>? キムチを<u>食べられ</u>ません。 나: 네. <u>먹지 못해요.</u> はい。<u>食べられ</u>ません。
①	ホタルを探す	가: 나:
②	鶏が空を飛ぶ	가: 나:
③	バッタを食べる	가: 나:
④	カラスを触る（만지다）	가: 나:
⑤	ムクゲを植える（심다）	가: 나:

4 **例のように文を作りましょう。**

例）	友だち / カブトムシ	가: <u>누구</u>에게 뭘 받았습니까? <u>友だち</u>に何をもらいましたか。 나: <u>친구</u>한테서 장수풍뎅이를 받았어요. <u>友だち</u>から<u>カブトムシ</u>をもらいました。
①	彼女 / ユリの花５本	가: 나:
②	ミオさん / 竹箸20膳	가: 나:
③	日本の友達 / ヒノキ浴槽	가: 나:
④	マミさん / ブナ３本	가: 나:
⑤	先生 / ヒヨコ2羽	가: 나:

저도 가고 싶어요. 다 같이 갑시다.

1 下記をハングルで書きましょう。

動物	獣	家畜	動物の子
犬	仔犬	猫	虎
象	牛	豚	ライオン
猿	カエル	蛇	熊
ウサギ	リス	鹿	ネズミ
馬	キツネ	羊	ヤギ
魚	魚、鮮魚	サメ	クジラ
マグロ	サバ	サンマ	貝
牡蠣	エビ	タコ	イカ

2 例のように文を作りましょう。

	どこに行く / ソウル	**가:** <u>어디에　가겠어요?</u> どこに行きますか。
例）		**나:** <u>서울에　갑시다. / 서울에　가자.</u> ソウルに行きましょう。/ 行こう。

① 何をする / 粉食を食べる	**가:**
	나:

② 何を飲む / 飲料水	**가:**
	나:

③ どこに行く / 札幌	**가:**
	나:

④ いつ沖縄に行く / 来月	**가:**
	나:

⑤ いつ休む / 日曜日	**가:**
	나:

③ **例のように文を作りましょう。**

例)	ソウル / 釜山に行く	**가:** <u>서울</u>하고 <u>부산에</u> <u>가고</u> 싶어요? ソウルと釜山に行きたいですか。
		나: 아뇨, <u>서울</u>이랑 <u>부산에</u> <u>가고</u> 싶지 않아요. いいえ。ソウルと釜山に行きたくありません。
①	キツネとリスをみる	**가:**
		나:
②	エビと牡蠣を食べる	**가:**
		나:
③	貝とマグロを買う	**가:**
		나:

④ **例のように文を作りましょう。**

例)	姉 / 韓国に行く	**가:** <u>언니는</u> <u>한국에</u> <u>가고</u> <u>싶어</u> 해요? 姉はソウルに行きたがりますか。
		나: 아뇨, <u>가고</u> <u>싶어</u> <u>하지</u> 않아요. いいえ。行きたがらないです。
①	ママ / 韓国映画をみる	**가:**
		나:
②	祖父 / 掃除をする	**가:**
		나:
③	妻 / 土曜日に働く	**가:**
		나:

⑤ **例のように文を作りましょう。**

例)	明日は勉強をする / 必ず	**가:** <u>내일은</u> <u>공부하겠</u>어요? 明日は勉強をしますか。
		나: 네, <u>꼭</u> <u>공부하겠</u>습니다. はい。必ず行きます。
①	週末に肉を食べる / 沢山	**가:**
		나:
②	昼まで寝る / 本当に	**가:**
		나:
③	すぐ着く (推量)	**가:** 친구는 곧 도착해요?
		나:

제 17 과　혹시 있으면 일주일만 빌려 주세요.

1 下記を「(으)세요」と「아/어!주세요」体に書きましょう。

	(으)세요	아/어 주세요		(으)세요	아/어 주세요		(으)세요	아/어 주세요
探す			付ける			受ける		
消す			着る			売る		
履く			脱ぐ			貸す		
書く			付ける			帰って行く		
外す			はめる			帰って来る		
抜く			担ぐ			つれて行く		
持つ			笑う			つれて来る		
泣く			座る			持って行く		
洗う			休む			教える		

2 例のように文を作りましょう。

例)	カメラはある 1枚 / 撮る	가: <u>카메라는</u> <u>있</u>으세요?　<u>カメラ</u>は<u>ございますか。</u> 　　한　장만　<u>찍어</u>　주세요.　<u>一枚</u>だけ<u>撮って</u>下さい。
① 車 1台 / 貸す		가:
② ボールペン 住所と電話番号 / 書く		가:
③ 姉 明後日 / 連れて行く		가:
④ 日曜日に時間 2時間 / 英語を教える		가:
⑤ プリンター 書類3枚 / 印刷する		가:

③ 例のように文を作りましょう。

例)	韓国に行く / どこに行かれる ソウル	가:	한국에 가면 어디에 가세요? 韓国に行くとどこに行かれますか。
		나:	서울만 가요. ソウルだけ行きます。
① 広島に行く / 何召し上がる		가:	
焼きそば / 食べる		나:	
② 天気が悪い / 何をなさる		가:	
家で勉強 / する		나:	
③ 仕事を休む / 何をなさる		가:	
家で映画 / みる		나:	
④ 朝に起きる / 何を飲まれる		가:	
果物ジュース / 飲む		나:	
⑤ 夜友達に会う / 何をなさる		가:	
一緒にお酒 / 飲む		나:	

④ 例のように親切に命令する「-(으)십시오! / -아/어 주십시오」文を作りましょう。

例)	友だちを信じて下さい。 〈相手のため〉	가: 어떻게 할까요?	どうしましょうか。
		나: 친구를 믿으십시오.	友だちを信じて下さい。
① 気をつけて帰る		가:	
〈相手のため〉		나:	
② ゆっくり歩く		가:	
〈相手のため〉		나:	
③ 早くメールを送る		가:	
〈自分のため〉		나:	
④ ここで靴を脱ぐ		가:	
〈自分のため〉		나:	
⑤ トイレの電気を消す		가:	
〈自分のため〉		나:	

약을 먹었지만 계속 아프고 자꾸 졸려요.

1 下記をハングルで書きましょう。

頭	顔	額	目
唇	舌	耳	喉,首
腹	背中	腰	腕
足	尻	鼻	口
肩	胸	脚	膝
だから	それで	従って	しかし
それから	しかも	さらに	または
例えば	それでは	一方で	さて
ところが	そして	なぜなら	つまり

2 例のように文を作りましょう。

例)	テレビをみる 運動をする	가: 내일 뭐 해요?　나1: 텔레비전을 보고 운동을 해요. 나2: 텔레비전을 봐요. 그리고 운동을 해요.
① 子どもと遊ぶ / 牛乳を飲む	나1:	
	나2:	
② 足を洗う / 顔を洗う	나1:	
	나2:	
③ 野球をする / サッカーをする	나1:	
	나2:	
④ 美術館に行く / パパに会う	나1:	
	나2:	
⑤ バスに乗る / 地下鉄に乗る	나1:	
	나2:	

❸ 例のように文を作りましょう。

例)	週末、市場に行く / 服を買う / 食事はしない	가: 주말에 뭐 하세요? 나: 시장에 가서 옷은 사지만 식사는 안 해요.
① 明後日、美術館に行く / 絵をみる / 買わない		가: 나:
② 土曜日、マートに行く / お菓子を買う / 食べない		가: 나:
③ 昨日(하셨다)、駅 / ご飯を食べる / 服は買わない		가: 나:
④ 昨年(하셨다)、公園に行く / 自転車に乗る / 釣りはしない		가: 나:
⑤ 週末の夜、友だちに会う / 映画をみる / コーヒーは飲まない		가: 나:

❹ 例のように文を作りましょう。

例)	勉強しない 頭が痛い / それで心配だ	가: 왜 공부를 안 하세요? 나: 머리가 아파서 못 해요. 그래서 걱정이에요.
① 朝早く起きない 腰が痛い / それで大変だ		가: 나:
② 椅子に座らない お尻が痛い / それで脚が痛い		가: 나:
③ 家に帰らない 仕事が多い / しかし疲れない		가: 나:
④ タクシーに乗らない お金がない / しかし遅刻しない		가: 나:
⑤ 朝ご飯を食べない 歯が痛い / さらに喉も痛い		가: 나:

第4部

付 録

付　録

付録1	助詞のまとめ	……………………………	176
付録2	用言の活用	……………………………	178
付録3	初級本文の日本語訳	……………………………	180
付録4	初級練習問題答案	……………………………	182
	初級ワークブック答案	……………………………	188
付録5	韓国語能力試験（TOPIK I）　語彙・表現	……………………………	195

▌助詞のまとめ

分類	助詞		条件	例文	
補格	~は	는	無	저는 대학생입니다.	私は大学生です。
		은	有	전공은 건축입니다.	専攻は建築です。
主格	~が	가	無	오이타가 고향입니다.	大分が故郷です。
		이	有	서울이 처음입니까?	ソウルが初めてですか。
		께서	敬語	어머니께서 주무십니다.	お母さんが寝られます。
目的格	~を	를	無	한국어 공부를 합니다.	韓国語の勉強をします。
		을	有	음악을 듣습니다.	音楽を聴きます。
接続	~と	와	無	카레와 우동	カレーとウドン
		과	有	한국과 일본	韓国と日本
		하고	口語	엄마하고 저하고	ママと私と
		(人)랑	無	너랑 나랑	お前と俺と
		(人)이랑	有	동생이랑 나랑	弟と俺と
冠形格	~の	의	―	저의 할머니입니다.	私のお祖母です。
補格	~も	도	―	저 건물도 학교입니까?	あの建物も学校ですか。
副詞格	~に	에	―	노래방에 갑니다.	カラオケに行きます。
副詞格	~で (手段)	로	無	버스로 갑니다.	バスで行きます。
			ㄹ脱落	지하철로 갑니다.	地下鉄で行きます。
		으로	有	카레는 손으로 먹습니다.	カレは手で食べます。
―	~に (目的)	러	無	옷을 사러 갑니다.	服を買いに行きます。
			ㄹ脱落	공원에 놀러 갑니다.	公園に遊びに行きます。
		으러	有	밥을 먹으러 갑니다.	ご飯を食べに行きます。
副詞格	~に(人)	에게	―	동생에게 말했습니다.	弟に言いました。
		한테	口語	친구한테 말했습니다.	友だちに言いました。
		께	敬語	부모님께 말씀드렸습니다.	両親に言いました。
―	~で (場所)	에서	―	한국에서 만납시다.	韓国で会いましょう。

分類	助詞		条件	例文	
副詞格	～より	보다	―	한국보다 비쌉니다.	韓国より高いです。
―	～たり	거나	―	일을 하거나 놉니다.	仕事をしたり遊びます。
副詞格	～から（人）	에게서	―	동생에게서 들었습니다.	弟から聞きました。
		한테서	口語	친구한테서 들었습니다.	友達から聞きました。
補格	～から（時間）	부터	―	1시부터 시작합니다.	1時から始めます。
補格	～から（場所）	에서	―	학교에서 집까지	学校から家まで
補格	～まで	까지	―	내일까지 못 갑니다.	明日まで行けません。
副詞格	(地位)として	로서 으로서	無有	학자로서 최선을 다 하겠습니다.	学者として最善を尽くします。
副詞格	～をもって	로써 으로써	無有	죽음으로써 속죄하겠습니다.	死をもって贖います。
副詞格	(指示)～と	라고 이라고	無有	최 지우라고 합니다.	チェ・ジウと申します。
接続	～や、～やら	며 이며	無有	배며 감이며 많이 습니다.	梨やら柿やら沢山買いました
補格	～も、～でも	나 이나	無有	텔레비전이나 보자!	(することないから)テレビでもみよう。
補格	～だけ、ばかり	만	―	하루 종일 공부만 해요.	一日中勉強だけします。

▌ 複合助詞　　～には(에는), ～では(에서는), ～にも(에도), ～でも(에서도)等

▌ 日本語と異なる助詞の使い方

助詞		条件	例文	
～に会う	를 만나다	無	친구를 만납니다.	友達に会います。
	을 만나다	有	선생님을 만납니다.	先生に会います。
～に乗る	를 타다	無	택시를 탑니다.	タクシに乗ります。
	을 타다	有	지하철을 탑니다.	地下鉄に乗ります。
～に似る	를 닮다	無	아버지를 닮았습니다.	お父さんに似ています。
	을 닮다	有	삼촌을 닮았습니다.	叔父に似ています。
～が良い ～が好き	가 좋다	無	엄마가 좋아요.	ママが好きです。
	이 좋다	有	서울이 좋습니다.	ソウルが良いです。
～が好き	를 좋아하다	無	나TS를 좋아해요.	나TSが好きです。
	을 좋아하다	有	삼계탕을 좋아합니다.	サムゲタンが好きです。
旅行に行く	여행을 가다		내일 여행을 갑니다.	明日、旅行に行きます
～(人)について行く	를/을 따라 가다		친구를 따라 일본에 갑니다.	友達について韓国に行きます。

用言の活用

変則名	原型 意味	現在終結語尾 ㅂ/습니다	現在終結語尾 ㅂ/습니까?	아/어 形	現在形 아/어요	過去形 았/었어요
基本形 받침無	가다 行く(陽母音) 서다 立つ(陰母音)	갑니다 섭니다	갑니까? 섭니까?	가 서	가요 서요	갔어요 섰어요
基本形 받침有	찾다 探す(陽母音) 읽다 読む(陰母音)	찾습니다 읽습니다	찾습니까? 읽습니까?	찾아 읽어	찾아요 읽어요	찾았어요 읽었어요
ㄹ 脱落	살다 住む、生きる	삽니다	삽니까?	살아	살아요	살았어요
ㄹ 脱落	만들다 つくる	만듭니다	만듭니까?	만들어	만들어요	만들었어요
ㅅ 脱落	붓다 注ぐ	붓습니다	붓습니까?	부어	부어요	부었어요
ㅅ 脱落	낫다 治る	낫습니다	낫습니까?	나아	나아요	나았어요
ㅂ 変則	돕다 手伝う	돕습니다	돕습니까?	도와	도와요	도왔어요
ㅂ 変則	춥다 寒い	춥습니다	춥습니까?	추워	추워요	추웠어요
ㅎ 変則	어떻다 どうだ	어떻습니다	어떻습니까?	어때	어때요	어땠어요
ㅎ 変則	하얗다 白い	하얗습니다	하얗습니까?	하얘	하얘요	하얬어요
ㄷ 変則	깨닫다 悟る、気付く	깨닫습니다	깨닫습니까?	깨달아	깨달아요	깨달았어요
ㄷ 変則	묻다 尋ねる	묻습니다	묻습니까?	물어	물어요	물었어요
ㅣ 変則	마시다 飲む	마십니다	마십니까?	마셔	마셔요	마셨어요
ㅣ 変則	지다 負ける、散る	집니다	집니까?	져	져요	졌어요
ㅡ 変則	쓰다 書く、使う等	씁니다	씁니까?	써	써요	썼어요
ㅡ 変則	바쁘다 忙しい	바쁩니다	바쁩니까?	바빠	바빠요	바빴어요
르 変則	모르다 知らない	모릅니다	모릅니까?	몰라	몰라요	몰랐어요
르 変則	부르다 呼ぶ、歌う	부릅니다	부릅니까?	불러	불러요	불렀어요
特例	푸르다 青い	푸릅니다	푸릅니까?	푸르러	푸르러요	푸르렀어요
特例	이르다 至る	이릅니다	이릅니까?	이르러	이르러요	이르렀어요

変則名	原型 意味	敬語 (으)시	禁止命令 (으)세요	～て 아/어서	しましょう ㅂ/읍시다	～なら (으)면
基本形 받침無	가다 行く(陽母音) 서다 立つ(陰母音)	가시 서시	가세요 서세요	가서 서서	갑시다 섭시다	가면 서면
基本形 받침有	찾다 探す(陽母音) 읽다 読む(陰母音)	찾으시 읽으시	찾으세요 읽으세요	찾아서 읽어서	찾읍시다 읽읍시다	찾으면 읽으면
ㄹ 脱落	살다 住む、生きる	사시다	사세요	사서	삽시다	살면
	만들다 つくる	만드시다	만드세요	만들어서	만듭시다	만들면
ㅅ 脱落	붓다 注ぐ	부으시다	부으세요	부어서	부읍시다	부으면
	낫다 治る	나으시다	나으세요	나아서	나읍시다	나으면
ㅂ 変則	돕다 手伝う	도우시다	도우세요	도와서	도웁시다	도우면
	춥다 寒い	추우시다	추우세요	추워서	－	추으면
ㅎ 変則	어떻다 どうだ	어떠시다	어떠세요	어때서	－	어떠면
	하얗다 白い	하야시다	하야세요	하얘서	하얍시다	하야면
ㄷ 変則	깨닫다 悟る、気付く	깨달으시다	깨달으세요	깨달아서	깨달읍시다	깨달으면
	묻다 尋ねる	물으시다	물으세요	물어서	물읍시다	물으면
ㅣ 変則	마시다 飲む	드시다	드세요	마셔서	마십시다	마시면
	지다 負ける等	지시다	지세요	져서	집시다	지면
ㅡ 変則	쓰다 書く、使う等	쓰시다	쓰세요	써서	씁시다	쓰면
	바쁘다 忙しい	바쁘시다	바쁘세요	바빠서	바쁩시다	바쁘면
르 変則	모르다 知らない	모르시다	모르세요	몰라서	모릅시다	모르면
	부르다 呼ぶ等	부르시다	부르세요	불러서	부릅시다	부르면
特例	푸르다 青い	푸르시다	프르세요	푸르러서	푸릅시다	푸르면
	이르다 至る	이르시다	이르세요	이르러서	이릅시다	이르면

初級本文の日本語訳

	1-1		1-2
지카	こんにちは。	준철	チカさん、趣味は(が)何ですか。
은지	はい。こんにちは。初めまして。	지카	私の趣味は書道(書芸)です。チュンチョルさん、趣味は何ですか。
지카	はい。はじめまして。私はスズキ・チカと申します。日本人(日本の人)です。	준철	私は囲碁が趣味です。
은지	私はイウンジです。大学生です。チカさんは学生ですか。	지카	はい?登山ではありませんか。
지카	はい、韓国語学校(学堂)の学生です。故郷は大分です。ウンジさん、お会いできて嬉しいです。これから宜しくお願いします。	준철	登山ではありません。ところが、日本はトマトが果物ですか。
		지카	日本は果物ではありません。野菜です。
		준철	そうなんですね。

	1-3		1-4
지카	ハジュンさん、この建物は何ですか。	지카	チホさん、週末は何をしますか。
하준	それは歴史博物館です。	지호	普段(普通)は友だちに会います。
지카	あの建物も歴史博物館ですか。	지카	友だちと何をしますか。
하준	いいえ。あれは歴史博物館ではありません。ハングル博物館です。ところでこれは(が)何ですか。	지호	主に映画を見ます。そしてご飯を食べます。チカさんは何をしますか。
지카	それは人形筆箱です。	지카	家の掃除(清掃)をします。
하준	そうなんですね。	지호	そうですか。一日中掃除をしますか。
		지카	いいえ。夕食は友だちと遊びます。

	1-5		1-6
은빈	大分の天気はどうですか。	지카	先生、休日に何をなさいますか。
지카	夏は結構(沢山)暑いです。湿度も高いです。	최	さあ。読書をしたり昼寝をします。
은빈	大分は南側にありますか。	지카	昼寝もなさいますか。
지카	はい。ところでソウルの冬は寒いですか。	최	はい。最近には必ず寝ます。
은빈	はい。結構寒いです。ロングダウンコートも必要です。	지카	どこかご具合が悪いですか。
지카	大変です。冬の服が沢山ありません。	최	いいえ。ただ春だから(眠いだけです)です。
		지카	そうなんですね。びっくりしました。

	1-7		1-8
지카	この写真がヨンスさんのものですか。	혜진	昼食の時間です。とてもお腹すきました。
영수	はい。私のものです。	지카	では一緒に昼食を食べましょう。ところでどこで食べますか。
지카	この方は本当に美人ですね。お母さんですか。	혜진	さあ。今日は学校の前の粉食店で食べます。
영수	違います。叔母です。父の妹です。	지카	そこは何が美味しいですか。
지카	叔母の前の女の子は誰ですか。中学生ですか。	혜진	プルコギキンパが本当に美味しいです。
영수	叔母の娘です。小学生です。	지카	早く行きましょう。ところでトポッキとスンデもありますか。
지카	わ!叔母より背も高いですね。ヨンスさんの親戚は皆美男子美女ですね。		

	1-9		1-10
사랑	温泉が好きですか。	지카	サランさんはどこにいますか。
지카	勿論です。我が故郷ではほぼ毎日温泉に入ります。	민식	昨日の夕方にキョンジュに行きました。
사랑	本当ですか。夏にも温泉に入りますか。	지카	キョンジュですか。なぜ急に行きましたか。何かあり(生じ)ましたか。
지카	はい。実家(故郷の家)に温泉が出ます。ところが韓国の温泉はどこが有名ですか。	민식	サランさんのお父さんが入院なさいました。それでお見舞いをしに行きました。
사랑	温陽温泉です。ここから近いです。	지카	あ、、、そうなんですね。ところでキョンジュはテグより遠いですか。
지카	では週末に一緒に行きましょう。	민식	はい。少し遠いです。

	1-11		1-12
지카	もしもし。ヒョナさん？私チカです。	소영	韓国の生活はどうですか。
현아	あ！チカさん、どうしましたか。	지카	とても楽しいです。
지카	今、何をしていますか。夕食食べましたか。		ところで家に机と椅子がありません。
현아	今ですか・夕食準備しています。	소영	では今家具割引売場に買いに行きましょう。
지카	もうですか。今ヒョナさんの家にタクシーで行っています。少しだけ待って下さい。一緒に食べましょう。	지카	そうですか。いくらですか。結構安いですか。
		소영	はい。私は105,000ウォンで買いました。多分、40%割引でした。
현아	はい。ゆっくり来て下さい。	지카	本当ですか。ここからどれくらいかかりますか。
		소영	車で約20分かかります。

	1-13		1-14
예빈	週末には何時に起きますか。	민영	チカさんは何歳ですか。
지카	私はいつも朝6時に起きます。	지카	私は19歳です。ミニョンさんは私よりお姉さん（年上）ですか。
예빈	そうですか。では午後まで何をしますか。		
지카	7時に朝ご飯を食べます。そして家事をします。	민영	私は20歳です。私が姉ですね。
예빈	朝ご飯で何を食べますか。	지카	何年生まれですか。私は○○○○年生まれです。
지카	近頃にはサツマイモ半分個とカボチャ一個を食べます。	민영	あら、私も○○○○年生まれです。私たち同じ年ですね。
예빈	朝からダイエット献立ですね。	지카	私は3月生まれなので1年早く入学しました。
		민영	あ？韓国は2月生まれまでです。これも異なりますね。
		지카	1時から3限の授業です。早く講義室へ行きましょう。

	1-15		1-16
현빈	夏休みの時、故郷に行き（帰り）ますか。	미나	来週から連休です。チカさんは何をしますか。
지카	いいえ。故郷に行き（帰り）ません。	지카	さあ。よく分かりません。ミナさんは遊びに行かないですか。
현빈	なぜ、行か（帰ら）ないですか。		
지카	一日中アルバイトをします。それで行け（帰れ）ません。	미나	私は友だちと済州島に行きます。
		지카	お、良いですね。済州島は何が有名ですか。
현빈	長期休みの時も忙しいですね。ところで家族に言いましたか。	미나	食べ物は黒豚料理が有名です。そして自然景観も美しいです。
지카	はい。お母さんから電話がありました。ところでチュンチョルさんは（故郷に帰りますか）。	지카	私も行きたいです。そしてソヨンさんも行きたがりました。
현빈	私も行け（帰れ）ません。私は資格の試験があります。	미나	そうですか。皆一緒に行きましょう。では空港で会いましょう。

	1-17		1-18
	（ミンジュさんの家のリビング）	혜리	どうしましたか。なぜ、遅れましたか。
민주	いらっしゃいませ。ここに座って下さい。	지카	風邪を引いて寝ました。ところで、頭も痛くて手脚も（刺すように）痛いです。
지카	ご両親はどこにいらっしゃいますか。		
민주	今、家にいらっしゃいません。コーヒーを召し上がって下さい。	혜리	もしかしてモムサル風邪ではありませんか。
		지카	モムサル風邪ですか。それは何ですか。
지카	ありがとうございます。これもらって下さい（＝これをどうぞ）。日本のお菓子です。	혜리	疲れて生じた風邪を言います。ところで、薬は飲みましたか。
민주	お、美味しそう。ありがとうございます。	지카	はい。ちょっと前に飲みましたがずっと痛くてしょっちゅう眠いです。
지카	あの、もしかしてマルモイ（言葉集め）のDVDございますか。あれば一週間だけ貸して下さい。	혜리	では、早く家に帰ってぐっすり休んで下さい。
민주	はい。そうして下さい。ゆっくり下さい。		

初級練習問題答案

初級第1課

2. ① 대학생　　② 요리사　　③ 소방관　　④ 공무원　　⑤ 주부
　　⑥ 의사　　⑦ 회사원　　⑧ 군인　　⑨ 은행원　　⑩ 약사

3. ① 가: 아버지는 경찰관입니까?　　나: 네, 경찰관입니다.
　　② 가: 할아버지는 미용사입니까?　　나: 네, 미용사입니다.
　　③ 가: 할머니는 운동선수입니까?　　나: 네, 운동선수입니다.
　　④ 가: 친구는 어부입니까?　　나: 네, 어부입니다.
　　⑤ 가: 고향은 오이타입니까?　　나: 네, 오이타입니다.

4. ① 가: 혜리는 미국 사람입니까?　　나: 아니요. 한국 사람입니다.
　　② 가: 루카스는 영국 사람입니까?　　나: 아니요. 독일 사람입니다.
　　③ 가: 얀은 호주 사람입니까?　　나: 아니요. 네덜란드 사람입니다.
　　④ 가: 웨이는 태국 사람입니까?　　나: 아니요. 중국 사람입니다.
　　⑤ 가: 미나는 한국 사람입니까?　　나: 아니요. 일본 사람입니다.

初級第 2 課

3. ① 가: 음악 감상이 취미입니까?　　나: 아니요. 음악 감상이 아닙니다.
　　② 가: 여행이 취미입니까?　　나: 아니요. 여행이 아닙니다.
　　③ 가: 악기 연주가 취미입니까?　　나: 아니요. 악기 연주가 아닙니다.
　　④ 가: 운동이 취미입니까?　　나: 아니요. 운동이 아닙니다.
　　⑤ 가: 그림이 취미입니까?　　나: 아니요. 그림이 아닙니다.

4. ① 가: 취미는 음악 감상이 아닙니까?　　나: 네, 음악 감상이 아닙니다. 영화 감상입니다.
　　② 가: 취미는 등산이 아닙니까?　　나: 네, 등산이 아닙니다. 낚시입니다.
　　③ 가: 취미는 꽃꽂이가 아닙니까?　　나: 네, 꽃꽂이가 아닙니다. 서예입니다.
　　④ 가: 취미는 요리가 아닙니까?　　나: 네, 요리가 아닙니다. 다도입니다.
　　⑤ 가: 취미는 사진이 아닙니까?　　나: 네, 사진이 아닙니다. 드라이브입니다.

5. ① 가: 토마토가 과일입니까?　　나: 아니요, 과일이 아닙니다. 又は)네, 과일입니다.
　　② 가: 멜론이 야채입니까?　　나: 아니요, 야채가 아닙니다. 又は)네, 과일입니다.
　　③ 가: 귤이 야채입니까?　　나: 아니요, 야채가 아닙니다. 又は)네, 과일입니다.
　　④ 가: 딸기가 야채입니까?　　나: 아니요, 야채가 아닙니다. 又は)네, 야채입니다.
　　⑤ 가: 수박이 과일입니까?　　나: 아니요, 과일이 아닙니다. 又は)네, 과일입니다.

初級第 3 課

1. ① 나: 그 건물은 우체국입니다.　　② 나: 그 건물은 도서관입니다.
　　③ 나: 그 건물은 병원입니다.　　④ 나: 그 건물은 경찰서입니다.
　　⑤ 나: 그 건물은 수퍼(=마트)입니다.

2. ① 가: 거기는　　나: 거기는 미용실입니다.　　② 가: 저기는　　나: 저기는 노래방입니다.
　　③ 가: 거기는　　나: 여기는 주유소입니다.　　④ 가: 여기는　　나: 여기는 학원입니다.
　　⑤ 가: 저기는　　나: 저기는 교회입니다.

3. ① 가: 그게 뭡니까?　　나: 이건 칼입니다.　　② 가: 이게 뭡니까?　　나: 이건 볼펜입니다.
　　③ 가: 저게 뭡니까?　　나: 저건 달력입니다.　　④ 가: 이게 뭡니까?　　나: 그건 풀입니다.
　　⑤ 가: 그게 뭡니까?　　나: 그건 공책입니다.

初級第4課

2. ① 나: 한국어를 배웁니다.   ② 나: 텔레비전을 봅니다.
   ③ 나: 신문을 읽습니다.   ④ 나: 가방을 삽니다.
   ⑤ 나: 매일을 씁니다.

3. ① 나: 친구와 한국어를 배웁니다.   ② 나: 아버지와 청소를 합니다.
   ③ 나: 어머니와 빨래를 합니다.   ④ 나: 할아버지와 차를 탑니다.
   ⑤ 나: 할머니와 운동을 합니다.   ⑥ 나: 지카와 요리를 합니다.

初級第5課

2. ① 가: 여름 방학은 깁니까?   나: 아니요. 짧습니다.   ② 가: 아버지는 키가 큽니까?   나: 아니요. 작습니다.
   ③ 가: 야채는 비쌉니까?   나: 아니요. 쌉니다.   ④ 가: 일본어는 쉽습니까?   나: 아니요. 어렵습니다.
   ⑤ 가: 성격은 좋습니까?   나: 아니요. 나쁩니다..   ⑥ 가: 숙제는 많습니까?   나: 아니요. 적습니다.

3. ① 가: 의자는 책상 밑에 있습니까?   나: 아뇨, 책상 옆에 있습니다.
   ② 가: 차는 아파트 왼쪽에 있습니까?   나: 아뇨, 아파트 오른쪽에 있습니다.
   ③ 가: 인형은 침대 앞에 있습니까?   나: 아뇨, 침대 뒤에 있습니다.
   ④ 가: 연필은 책상 위에 있습니까?   나: 아뇨, 필통 안에 있습니다.
   ⑤ 가: 화장실은 목욕탕 안에 있습니까?   나: 아뇨, 목욕탕 밖에 있습니다.
   ⑥ 가: 부산은 서쪽에 있습니까?   나: 아뇨, 남쪽에 있습니다.

初級第6課

2. ① 나: 옷을 입으십니다.   ② 나: 신발을 신으십니다.
   ③ 나: 장갑을 끼십니다.   ④ 나: 바지를 입으십니다.
   ⑤ 나: 배낭을 메십니다.

3. ① 가: 월요일에 무엇을 하십니까?   나: 일을 하시거나 편지를 쓰십니다.
   ② 가: 화요일에 무엇을 하십니까?   나: 청소를 하시거나 빨래를 하십니다.
   ③ 가: 수요일에 무엇을 하십니까?   나: 요리를 하시거나 운동을 하십니다.
   ④ 가: 목요일에 무엇을 하십니까?   나: 편지를 쓰시거나 책을 읽으십니다.
   ⑤ 가: 금요일에 무엇을 하십니까?   나: 진지를 드시거나 술을 드십니다.

初級第7課

1. ① 가: 이 사람은   나: 우리 할머니예요.   ② 가: 그 사람은   나: 우리 아버지예요.
   ③ 가: 저 사람은   나: 우리 어머니예요.   ④ 가: 이 사람은   나: 우리 작은 이모예요.
   ⑤ 가: 그 남자는   나: 우리 큰아버지예요.

2. ① 가: 작은 고모가 제일 좋습니까?   나: 작은 이모를 제일 좋아합니다.
   ② 가: 할아버지가 제일 좋습니까?   나: 할머니를 제일 좋아합니다.
   ③ 가: 형이 제일 좋습니까?   나: 누나를 제일 좋아합니다.
   ④ 가: 오빠가 제일 좋습니까?   나: 언니를 제일 좋아합니다.
   ⑤ 가: 남동생이 제일 좋습니까?   나: 여동생을 제일 좋아합니다.

3. ① 가: 누가 재미있습니까?   나: 큰아버지보다 작은고모가 재미있습니다.
   ② 가: 누구 몸무게(=체중)가 무겁습니까?   나: 언니보다 오빠가 무겁습니다.
   ③ 가: 누구 밥이 많습니까?   나: 아내보다 남편이 많습니다.
   ④ 가: 누구 발이 빠릅니까?   나: 여동생보다 남동생이 빠릅니다.
   ⑤ 가: 어디가 멉니까?   나: 오사카보다 도쿄가 멉니다.

| ⑥ 가: 뭐가 맛있습니까? | 나: 우동보다 라면이 맛있습니다. |
| ⑦ 가: 누구 성격이 좋습니까? | 나: 아들보다 딸이 좋습니다. |

初級第8課

2.	① 가: 어디에서 공부해요?	나: 도서관에서 공부해요.
	② 가: 어디에서 커피를 마셔요?	나: 카페에서 커피를 마셔요.
	③ 가: 어디에서 친구를 만나요?	나: 오이타 역에서 친구를 만나요.
	④ 가: 어디에서 놀아요?	나: 공원에서 놀아요.
	⑤ 가: 어디에서 영화를 봐요?	나: 극장(=영화관)에서 영화를 봐요.

3.	① 가: 어디에서 누구하고 살아요?	나: 서울에서 가족하고 살아요.
	② 가: 어디에서 누구하고 한국어를 배워요?	나: 학교에서 친구하고 한국어를 배워요.
	③ 가: 어디에서 누구하고 책을 읽어요?	나: 교실에서 선생님하고 책을 읽어요.
	④ 가: 어디에서 누구하고 지하철을 타요?	나: 서울에서 아버지하고 지하철을 타요.
	⑤ 가: 어디에서 누구하고 웃어요?	나: 부엌에서 어머니하고 웃어요.
	⑥ 가: 어디에서 누구하고 몸을 씻어요?	나: 온천에서 동생하고 몸을 씻어요.
	⑦ 가: 어디에서 누구하고 옷을 사요?	나: 시장에서 형하고 옷을 사요.

初級第9課

2.	① 가: 영어 문법은 어때요?	나: 꽤 어려워요.
	② 가: 여자 친구는 어때요?	나: 아주 귀여워요.
	③ 가: 선생님의 가방은 어때요?	나: 가벼워요.
	④ 가: 도쿄의 지하철은 어때요?	나: 조금 불편해요.

3.	① 가: 내년에 집을 지어요.	나: 집이요?
	② 가: 강아지를 키워요.	나: 강아지요?
	③ 가: 오이타는 교통이 불편해요.	나: 교통이요?
	④ 가: 지카는 얼굴이 빨개요.	나: 얼굴(이)요?

4.	① 가: 신발은 뭐가 편해요?	나: 운동화요.
	② 가: 발음은 어디가 이상해요?	나: 받침이요.
	③ 가: 한국은 어디가 불편해요?	나: 화장실(이)요
	④ 가: 선생님은 뭐가 약해요?	나: 술(이)요.

初級第10課

2.	① 가: 월요일에	나: 술을 마셨어요.	② 가: 화요일에	나: 회사에서 일했어요.
	③ 가: 수요일에	나: 노래방에서 노래했어요.	④ 가: 목요일에	나: 감기약을 먹었어요.
	⑤ 가: 금요일에	나: 한국어시험을 쳤어요.		

3.	① 가: 서울에 뭐하러 가요?	나: 쇼핑을 하러 가요.
	② 가: 하카타에 뭐하러 가요?	나: 라면을 먹으러 가요.
	③ 가: 영국에 뭐하러 가요?	나: 영어를 배우러 가요.

4.	① 가: 부산의 날씨는 어땠어요?	나: 상당히(=꽤) 더웠어요.)
	② 가: 서울의 지하철은 어땠어요?	나: 정말 편리했어요.
	③ 가: 선생님의 딸은 어땠어요?	나: 많이 귀여웠어요.

初級第11課

1. ① 나: 회사에서 일하고 있어요.　　　② 나: 도서관에서 책을 읽고 있어요.
   ③ 나: 운동장에서 걷고 있어요.　　　④ 나: 역 앞에서 친구를 만나고 있어요.
   ⑤ 나: 목욕탕에서 씻고 있어요.

2. ① 가: 내일 회사에 어떻게 가요?　　　나: 차로 가요.
   ② 가: 다음 주에 오이타 공항에 어떻게 가요?　　　나: 고속버스로 가요.
   ③ 가: 이번 달에 한국에 어떻게 가요?　　　나: 비행기로 가요.
   ④ 가: 다음 달에 병원에 어떻게 가요?　　　나: 구급차로 가요.
   ⑤ 가: 오후에 시내에 어떻게 가요?　　　나: 전철로 가요.

3. ① 나: 집에 와 있어요.　　　② 나: 교실에 남아 있어요.
   ③ 나: 의자에 앉아 있어요.

4. ① 가: 방에 창문이 열려 있어요?　　　나: 열려 있어요.
   ② 가: 베란다에 꽃이 피어 있어요?　　　나: 네, 피어 있어요.
   ③ 가: 방에 모자가 걸려 있어요?　　　나: 네, 걸려 있어요.

初級第12課

1. ① 가: 그거　　　나: 삼백 구십 원이에요.
   ② 가: 이 책　　　나: 이천오백 원이에요.
   ③ 가: 그 시계　　　나: 이천오백 원이에요.
   ④ 가: 그 차　　　나: 사천삼백오십만 원이에요.
   ⑤ 가: 저 집　　　나: 팔억오천만 원이에요.

2. ① 가: 설날은　　　나: 일월 일일이에요.
   ② 가: 추석은　　　나: 음력 팔월 십오일이에요.
   ③ 가: 어린이날은　　　나: 오월 오일이에요.
   ④ 가: 한글의 날은　　　나: 시월 구일이에요.
   ⑤ 가: 크리스마스는　　　나: 십이월 이십오일이에요.

3. ① 가: 도서관에서 편의점까지 얼마나 걸려요?　　　나: 자전거로 약 이십분 걸려요.
   ② 가: 여기에서 우체국까지 얼마나 걸려요?　　　나: 도보로 약 오분 걸려요.
   ③ 가: 거기에서 은행까지 얼마나 걸려요?　　　나: 스쿠터로 약 삼십분 걸려요.
   ④ 가: 저기에서 시청까지 얼마나 걸려요?　　　나: 버스로 약 사십분 걸려요.
   ⑤ 가: 집에서 오이타역까지 얼마나 걸려요?　　　나: 택시로 십오분 걸려요.
   ⑥ 가: 후쿠오카에서 서울까지 얼마나 걸려요?　　　나: 비행기로 사십오분 걸려요.

初級第13課

1. ① 가: 오늘은 몇 시에 일어났어요?　　　나: 아침 여섯시에 일어났어요.
   ② 가: 어제는 몇 시에 잤어요?　　　나: 밤 열한시 반에 잤어요.
   ③ 가: 한국어 수업은 몇 시부터 몇 시까지예요?　　　나: 저녁 일곱시부터 여덟시반까지예요.
   ④ 가: 대학의 3교시는 몇 시부터 몇 시까지예요?　　　나: 오후 한시부터 두시 반까지예요.
   ⑤ 가: 일은 몇 시부터 몇 시까지예요?　　　나: 오전 아홉시부터 오후 다섯시까지예요.
   ⑥ 가: 서울에서 부산까지 몇 시간 걸려요?　　　나: KTX로 두 시간 반 걸려요.
   ⑦ 가: 하루에 몇 시간 자요?　　　나: ○시간 걸려요.

2. ① 가: 하루에 몇 번 이를 닦아요?　　　나: 세 번 닦아요.
   ② 가: 친구는 몇 명 있어요?　　　나: 열 명 있어요.
   ③ 가: 몇 번째 수업이에요?　　　나: 열두 번째 수업이에요.
   ④ 가: 한 달에 책 몇 권 읽어요?　　　나: 네 권 읽어요.
   ⑤ 가: 연필 몇 자루 있어요?　　　나: 여덟 자루 있어요.

3. ① 나: 옥수수 여섯 개하고 당근 여덟 개 주세요.　　　② 나: 가지 네 개하고 시금치 네 단 주세요.

③ 나: 콩나물 두 봉지하고 생강 일곱 개 주세요.

④ 나: 고추 열여덟 개하고 마늘 스물 다섯 쪽 주세요.

⑤ 나: 깻잎 스무 장하고 배추 아홉 개 주세요.

初級第14課

1.
① 가: 왜 학교를 쉬어요?　　　　　　　나: 장례식이라서 쉬어요.
② 가: 왜 일찍 일어나요?　　　　　　　나: 시험이라서 일찍 일어나요.
③ 가: 왜 치마를 입어요?　　　　　　　나: 친구 결혼식이라서 치마를 입어요.
④ 가: 왜 이 가방은 비싸요?　　　　　　나: 명품이라서 비싸요.
⑤ 가: 왜 오이타는 무더워요?　　　　　나: 남쪽이라서 무더워요.

2.
① 가: 수학여행은　　　나: 경주로 가요.　　② 가: 신혼여행은　　　나: 섬으로 가요.
③ 가: 아르바이트를 하러　나: 오이타 시내로 가요.　④ 가: 궁전을 보러　　나: 서울로 가요.
⑤ 가: 감자탕을 사러　　나: 강원도로 가요.　　⑤ 가: 감자탕을 사러

3.
① 가: 저 사람은 멋있네요?　　　　　　나: 성격도 좋군요.
② 가: 한국어를 아주 잘하네요?　　　　나: 발음도 정확하군요.
③ 가: 아기가 정말 귀엽네요?　　　　　나: 눈도 정말 예쁘군요.
④ 가: 저 가게는 굉장히 맛있네요?　　나: 점원도 친절하군요.
⑤ 가: 삼계탕이 맛있네요?　　　　　　나: 냄새도 상당히 좋군요.
⑥ 가: 대학생활은 너무 힘드네요?　　나: 과제도 아주 많군요.

初級第15課

1.
① 가: 도서관에서 책을 안 읽어요?　　　　나: 네. 읽지 않아요.
② 가: 식당에서 밥을 안 먹어요?　　　　　나: 네. 먹지 않아요.
③ 가: 카페에서 커피를 안 마셔요?　　　　나: 네. 마시지 않아요.
④ 가: 친구를 만나러 안 가요?　　　　　　나: 네. 만나러 가지 않아요.
⑤ 가: 주말에 한국어 복습을 안 해요?　　나: 네. 복습을 하지 않아요.

2.
① 가: 장수풍뎅이를 못 찾아요?　　　　　나: 네 찾지 못해요.
② 가: 오리가 하늘을 못 날아요?　　　　　나: 네 날지 못해요.
③ 가: 곤충을 못 먹어요?　　　　　　　　나: 네 먹지 못해요.
④ 가: 메뚜기를 못 만져요?　　　　　　　나: 네 만지지 못해요.
⑤ 가: 삼나무를 못 심어요?　　　　　　　나: 네 심지 못해요.

3.
① 나: 남자친구한테서 장미 백 송이를 받았어요.　　② 나: 나오 씨한테서 대나무 젓가락을 받았어요.
③ 나: 일본 친구한테서 편백나무 의자를 받았어요.　④ 나: 민수한테서 소나무 세 그루를 받았어요.
⑤ 나: 할머니한테서 병아리 세 마리를 받았어요.　　⑥ 나: 할아버지한테서 닭 두 마리를 받았어요.

初級第16課

1
① 가: 무엇을(=뭘) 하겠어요?　　　　　　나: 밥을 먹읍시다. / 밥을 먹자!
② 가: 무엇을(=뭘) 마시겠어요?　　　　　나: 술을 마십시다. / 술을 마시자!
③ 가: 어디에 가겠어요?　　　　　　　　나: 전주에 갑시다. / 전주에 가자!
④ 가: 언제 서울에 가겠어요?　　　　　　나: 다음 주에 갑시다. / 다음 주에 가자!
⑤ 가: 언제 목욕을 하겠어요?　　　　　　나: 열한 시에 합시다. / 열한 시에 하자!

2.
① 가: 호랑이하고 사자를 보고 싶어요?　　　　나: 아뇨, 호랑이랑 사자를 보고 싶지 않아요.
② 가: 강아지하고 고양이를 기르고 싶어요?　　나: 아뇨, 강아지랑 고양이를 기르고 싶지 않아요.
③ 가: 원숭이공원하고 온천에 가고 싶어요?　　나: 아뇨, 원숭이공원이랑 온천에 가고 싶지 않아요.

	④ 가: 문어하고 오징어회를 먹고 싶어요?	나: 아뇨, 문어랑 오징어회를 먹고 싶지 않아요.	
	⑤ 가: 꽁치하고 고등어를 사고 싶어요?	나: 아뇨, 꽁치랑 고등어를 사고 싶지 않아요.	

3.	① 가: 어머니는 한국드라마를 보고 싶어 해요?	나: 아뇨, 한국드라마를 보고 싶어 하지 않아요.
	② 가: 할머니는 설거지를 하고 싶어 해요?	나: 아뇨, 설거지를 하고 싶어 하지 않아요.
	③ 가: 남편은 토요일에 쉬고 싶어 해요?	나: 아뇨, 토요일에 쉬고 싶어 하지 않아요.

4.	① 가: 주말에 일을 하겠어요?	나: 네, 점심까지 일하겠습니다.
	② 가: 아침까지 자겠어요?	나: 네, 정말 자겠습니다.
	③ 가: 내일 날씨 어때요?	나: 네, 눈이 오겠어요

初級第17課

2.	① 가: 돈은 있으세요?	만 원만 빌려 주세요.
	② 가: 필기도구는 있으세요?	이름하고 주소만 써 주세요.
	③ 가: 형은 계세요(=있으세요)?	내일만 데려와 주세요.
	④ 가: 토요일에 시간은 있으세요?	한 시간만 일본어를 가르쳐 주세요.
	⑤ 가: 프린터는 있으세요?	사진 스무 장만 인쇄해 주세요.

3.	① 가: 오사카에 가면 뭐 드세요?	나: 다코야키만 먹어요.
	② 가: 날씨가 좋으면 뭐 하세요?	나: 세차만 해요.
	③ 가: 일을 쉬면 뭐 하세요?	나: 집에서 드라마만 봐요.
	④ 가: 아침에 일어나면 뭐 드세요?	나: 커피만 마셔요.
	⑤ 가: 밤에 친구를 만나면 뭐 하세요?	나: 함께 운동만 해요.

4.	① 나: 푹 쉬세요.	② 나: 매일 한국어를 공부하세요.
	③ 나: 언제나 웃으세요.	④ 나: 역 앞에서 기다려 주세요.
	⑤ 나: 빨리 메일을 보내 주세요.	⑥ 나: 선생님 주소를 가르쳐 주세요.

初級第18課

1.	① 나1: 책을 읽고 게임을 합니다.	나2: 책을 읽습니다. 그리고 게임을 합니다.
	② 나1: 청소를 하고 빨래를 합니다.	나2: 청소를 합니다. 그리고 빨래를 합니다.
	③ 나1: 탁구를 치고 수영을 합니다.	나2: 탁구를 칩니다. 그리고 수영을 합니다.
	④ 나1: 병원에 가고 친구를 만납니다.	나2: 병원에 갑니다. 그리고 친구를 만납니다.
	⑤ 나1: 손을 씻고 이를 닦습니다.	나2: 손을 씻습니다. 그리고 이를 닦습니다.

2.	① 가: 내일 뭐 하세요?	나: 도서관에 가서 책은 빌리지만 공부는 안 해요.
	② 가: 주말에 뭐 하세요?	나: 서점에 가서 책은 봤지만 안 샀어요.
	③ 가: 어제 뭐 하셨어요?	나: PC를 사서 게임은 했지만 일은 안 했어요.
	④ 가: 작년에 뭐 하셨어요?	나: 부산에 가서 지하철은 탔지만 버스는 안 탔어요.
	⑤ 가: 저녁에 뭐 하세요?	나: 밥을 지어서 남동생과 먹지만 혼자서는 안 먹어요.

3.	① 가: 왜 학교에 안 가세요?	나: 발을 다쳐서 못 가요. 그래서 걱정이에요.
	② 가: 왜 식사를 안 하세요?	나: 이가 아파서 못 해요. 그래서 배가 고파요.
	③ 가: 왜 안 누우세요?	나: 코가 막혀서 못 누워요. 하지만 안 졸려요.
	④ 가: 왜 신발을 안 신으세요?	나: 발이 아파서 못 신어요. 그러나 안 추워요.
	⑤ 가: 왜 말을 안 하세요?	나: 목이 아파서 말을 못 해요. 게다가 글자도 못 써요.
	⑥ 가: 왜 결혼을 안 하세요?	나: 바빠서 못 해요. 더구나 집도 없어요.

初級ワークブック答案

初級第1課

1.　① 학생　　　　② 미용사　　　③ 경찰관　　　④ 어부　　　⑤ 교사
　　⑥ 대학교수　⑦ 배우　　　　⑧ 가수　　　　⑨ 운전기사　⑩ 농부

2.　① 가: 아버지는 소방관입니까?　　　　나: 네, 소방관입니다.
　　② 가: 할아버지는 요리사입니까?　　　나: 네, 요리사입니다.
　　③ 가: 할머니는 약사입니까?　　　　　나: 네, 약사입니다.
　　④ 가: 친구는 농부입니까?　　　　　　나: 네, 농부입니다.
　　⑤ 가: 고향은 서울입니까?　　　　　　나: 네, 서울입니다.

3.　① 가: 혜리는 한국 사람입니까?　　　나: 아니요. 영국 사람입니다.
　　② 가: 파울은 태국 사람입니까?　　　나: 아니요. 독일 사람입니다.
　　③ 가: 페터는 영국 사람입니까?　　　나: 아니요. 네덜란드 사람입니다.
　　④ 가: 오는 중국 사람입니까?　　　　나: 아니요. 일본 사람입니다.
　　⑤ 가: 노아는 한국 사람입니까?　　　나: 아니요. 호주 사람입니다.

初級第 2 課

2.　① 가: 영화 감상이 취미입니까?　　나: 아니요. 음악 감상이 아닙니다.
　　② 가: 등산이 취미입니까?　　　　나: 아니요. 여행이 아닙니다.
　　③ 가: 낚시가 취미입니까?　　　　나: 아니요. 악기 연주가 아닙니다.
　　④ 가: 서예가 취미입니까?　　　　나: 아니요. 운동이 아닙니다.
　　⑤ 가: 다도가 취미입니까?　　　　나: 아니요. 그림이 아닙니다.

3.　① 가: 취미는 사진이 아닙니까?　　　　나: 네, 사진이 아닙니다. 게임입니다.
　　② 가: 취미는 여행이 아닙니까?　　　　나: 네, 여행이 아닙니다. 독서입니다.
　　③ 가: 취미는 바둑이 아닙니까?　　　　나: 네, 바둑이 아닙니다. 영화 감상입니다.
　　④ 가: 취미는 사진이 아닙니까?　　　　나: 네, 사진이 아닙니다. 그림입니다.
　　⑤ 가: 취미는 악기 연주가 아닙니까?　나: 네, 악기 연주가 아닙니다. 음악 감상입니다.

4.　① 가: 참외가 처음입니까?　　　나: 아니요, 처음이 아닙니다. 又は)네, 처음입니다.
　　② 가: 수박이 과일입니까?　　　나: 아니요, 과일이 아닙니다. 又は)네, 과일입니다.
　　③ 가: 포도가 야채입니까?　　　나: 아니요, 야채가 아닙니다. 又は)네, 야채입니다.
　　④ 가: 감이 야채입니까?　　　　나: 아니요, 야채가 아닙니다. 又は)네, 야채입니다.
　　⑤ 가: 자두가 야채입니까?　　　나: 아니요, 야채가 아닙니다. 又は)네, 야채입니다.

初級第 3 課

2.　① 나: 그 건물은 박물관입니다.　　　② 나: 그 건물은 시청입니다.
　　③ 나: 그 건물은 미용실입니다.　　　④ 나: 그 건물은 노래방입니다.
　　⑤ 나: 그 건물은 편의점입니다.

3.　① 가: 거기는　　　나: 거기는 식당입니다.　　② 가: 저기는　　　나: 저기는 가게입니다.
　　③ 가: 거기는　　　나: 여기는 주차장입니다.　④ 가: 여기는　　　나: 여기는 시장입니다.
　　⑤ 가: 저기는　　　나: 저기는 공항입니다.

4.　① 가: 그게 뭡니까?　　나: 이건 연필입니다.　　② 가: 이게 뭡니까?　　나: 이건 샤프입니다.
　　③ 가: 저게 뭡니까?　　나: 저건 안경입니다.　　④ 가: 이게 뭡니까?　　나: 그건 자입니다.
　　⑤ 가: 그게 뭡니까?　　나: 그건 가위입니다.

初級第4課

3.   ① 나: 음악을 듣습니다.   ② 나: 물을 마십니다.
    ③ 나: 친구를 부릅니다.   ④ 나: 방을 청소합니다.
    ⑤ 나: 공부를 시작합니다.

4.   ① 나: 선생님과 커피를 마십니다.   ② 나: 지카와 운동을 시작합니다.
    ③ 나: 나오와 옷을 삽니다.   ④ 나: 지민과 집안일을 합니다.
    ⑤ 나: 현빈과 화장실을 청소합니다.

初級第5課

2.   ① 가: 수업은 깁니까?   나: 아니요. 짧습니다.   ② 가: 냉면은 뜨겁습니까?   나: 아니요. 차갑습니다.
    ③ 가: 영화는 재미없습니까?   나: 아니요. 재미있습니다.   ④ 가: 학교는 멉니까?   나: 아니요. 가깝습니다.
    ⑤ 가: 도시락은 뜨겁습니까?   나: 아니요. 차갑습니다..

3.   ① 가: 미나는 지카 왼쪽에 있습니까?   나: 아뇨, 지카 오른쪽에 있습니다.
    ② 가: 주차장은 집 안에 있습니까?   나: 아뇨, 집 밖에 있습니다.
    ③ 가: 문은 서쪽에 있습니까?   나: 아뇨, 동쪽에 있습니다.
    ④ 가: 책장은 책상 밑에 있습니까?   나: 아뇨, 책상 위에 있습니다.
    ⑤ 가: 전자렌지는 선반 밑에 있습니까?   나: 아뇨, 선반 위에 있습니다.

初級第6課

2.   ① 나: 패딩을 벗으십니다.   ② 나: 양말을 신으십니다.
    ③ 나: 마스크를 끼십니다(=쓰십니다).   ④ 나: 가방을 드십니다.
    ⑤ 나: 넥타이를 메십니다.

3.   ① 가: 주말에 무엇을 하십니까?   나: 술을 드시거나 노래를 부르십니다.
    ② 가: 휴일에 무엇을 하십니까?   나: 마트에 가시거나 옷을 사십니다.
    ③ 가: 주말 아침에 무엇을 하십니까?   나: 목욕을 하시거나 맥주를 드십니다.
    ④ 가: 휴일 낮에 무엇을 하십니까?   나: 쇼핑을 하시거나 잡지를 읽으십니다.
    ⑤ 가: 주말 저녁에 무엇을 하십니까?   나: 한국어를 배우시거나 Youtube를 보십니다.

初級第7課

2.   ① 가: 저 여자는   나: 우리 언니예요.   ② 가: 그 여자는   나: 우리 누나예요.
    ③ 가: 이 여자는   나: 우리 여동생이에요.   ④ 가: 이 남자는   나: 우리 아들이에요.
    ⑤ 가: 그 분은   나: 우리 큰아버지예요.

3.   ① 가: 아들이 제일 좋습니까?   나: 딸을 제일 좋아합니다.
    ② 가: 아빠가 제일 좋습니까?   나: 엄마를 제일 좋아합니다.
    ③ 가: 손자가 제일 좋습니까?   나: 손녀를 제일 좋아합니다.
    ④ 가: 김 선생님이 제일 좋습니까?   나: 황 선생님을 제일 좋아합니다.
    ⑤ 가: 큰아버지가 제일 좋습니까?   나: 작은 고모를 제일 좋아합니다.

4.   ① 가: 뭐가 맛있습니까?   나: 스시(=초밥)보다 야키니쿠가 맛있습니다.
    ② 가: 누구 성격이 나쁩니까?   나: 큰아버지보다 작은 고모가 나쁩니다.
    ③ 가: 어디가 덥습니까?   나: 후쿠오카보다 가고시마가 덥습니다.
    ④ 가: 어디가 춥습니까?   나: 도쿄보다 삿포로가 춥습니다.
    ⑤ 가: 누가 귀엽습니까?   나: 지수보다 제니가 귀엽습니다.

初級第8課

3.
①	가: 어디에서 쉬어요?	나: 방에서 쉬어요.
②	가: 어디에서 신발을 신어요?	나: 현관에서 신발을 신어요.
③	가: 어디에서 (잠을) 자요?	나: 침대에서 (잠을) 자요.
④	가: 어디에서 한국어를 배워요?	나: 대학에서 한국어를 배워요.
⑤	가: 어디에서 과일을 사요?	나: 시장에서 과일을 사요.

4.
①	가: 어디에서 누구하고 살아요?	나: 도쿄에서 여동생하고 살아요.
②	가: 어디에서 누구하고 영어를 배워요?	나: 학원에서 어머니하고 영어를 배워요.
③	가: 어디에서 누구하고 간식을 먹어요?	나: 방에서 남동생하고 간식을 먹어요.
④	가: 어디에서 누구하고 맥주를 마셔요?	나: 목욕탕에서 친구하고 맥주를 마셔요.
⑤	가: 어디에서 누구하고 지하철을 타요?	나: 서울에서 어머니하고 지하철을 타요.

初級第9課

3.
①	가: KTX는 어때요?	나: 꽤 빨라요.
②	가: 남자 친구는 어때요?	나: 아주 멋있어요.
③	가: 엄마의 핸드백은 어때요?	나: 무거워요.
④	가: 한국 여행은 어때요?	나: 정말 즐거워요.

4.
①	가: 내년에 고급차를 사요.	나: 고급차요?
②	가: 침대에서 고양이와 자요.	나: 고양이와 자요?
③	가: 일본은 교통비가 비싸요.	나: 교통비가 비싸요?
④	가: 지카는 다리가 길어요.	나: 다리가 길어요?

5.
①	가: 미우는 누구를 도와요?	나: 할머니요.
②	가: 한국은 뭐가 빨라요?	나: 배달이요.
③	가: 나미의 성적은 어때요?	나: 일등이요.
④	가: 어느 방이 깨끗해요?	나: 엄마 방이요.
⑤	가: 서울은 뭐가 편리해요?	나: 쇼핑이요.

初級第10課

2.
①	가: 토요일에	나: 고향에 (돌아)갔어요.	② 가: 주말에	나: 역에서 친구를 기다렸어요.
③	가: 연말에	나: 가족과 서울에 갔어요.	④ 가: 여름방학에	나: 그림을 배웠어요.
⑤	가: 봄방학에	나: 아버지 일을 도왔어요.		

3.
①	가: 도서관에 뭐하러 가요?	나: 책을 읽으러 가요.
②	가: 음식점에 뭐하러 가요?	나: 밥을 먹으러 가요.
③	가: 편의점에 뭐하러 가요?	나: 삼각김밥을 사러 가요.
④	가: 시청에 뭐하러 가요?	나: 서류를 신청하러 가요.
⑤	가: 과일 가게에 뭐하러 가요?	나: 딸기를 사러 가요.

4.
①	가: 미팅은 어땠어요?	나: 정말 창피했어요.
②	가: 일본 유학은 어땠어요?	나: 혼자서 열심히 공부했어요.
③	가: 화장실은 어땠어요?	나: 조금 더러웠어요.
④	가: 상대 팀은 어땠어요?	나: 많이 강했어요.
⑤	가: 그 바다 색은 어땠어요?	나: 정말 파랬어요.

初級第11課

2.	① 나: 텔레비전 앞에서 웃고 있어요.	② 나: 탈의실에서 옷을 입고 있어요.
	③ 나: 화장실에서 밸트(허리띠)를 메고 있어요.	④ 나: 극장에서 영화를 보고 있어요.
	⑤ 나: 백화점에서 바지를 사고 있어요.	

3.	① 가: 내년에 부산에 어떻게 가요?	나: 배로 가요.
	② 가: 저녁에 경찰서에 어떻게 가요?	나: 경찰차로 가요.
	③ 가: 휴일에 후쿠오카공항에 어떻게 가요?	나: 지하철로 가요.

4.	① 나: 시청에 와 있어요.	② 나: 차에 남아 있어요.
	③ 나: 침대에 누워 있어요.	

5.	① 가: 그는 살아 있어요?	나: 네, 살아 있어요.
	② 가: 벽에 껌이 붙어 있어요?	나: 네, 붙어 있어요.
	③ 가: 책상 위에 안경이 놓여 있어요?	나: 네, 놓여 있어요.

初級第12課

2.	① 가: 그거	나: 이백오십 원이에요.
	② 가: 이 교과서	나: 사천삼백 엔이에요.
	③ 가: 이 노트북	나: 이백사십팔만 원이에요.
	④ 가: 그 차	나: 삼천팔백오십만 원이에요.
	⑤ 가: 저 집	나: 십이억육천만 원이에요.

3.	① 가: 스승의 날은 나: 오월 오일이에요.		② 가: 한글날은 나: 시월 구일이에요.
	③ 가: 어버이날은 나: 오월 팔일이에요.		④ 가: 국군의 날은 나: 시월 일일이에요.
	⑤ 가: 화이트데이는 나: 삼월 십사일이에요.		

4.	① 가: 경찰서는 나: 차로 약 삼십분 걸려요.		② 가: 미용실은 나: 전철로 십오분 걸려요.
	③ 가: 서점은 나: 스쿠터로 약 이십분 걸려요.		④ 가: 주차장은 나: 자전거로 약 오분 걸려요.
	⑤ 가: 편의점은 나: 도보로 약 십분 걸려요.		

初級第13課

2.	① 가: 오늘은 몇 시에 일어났어요?	나: 아침 다섯시 반에 일어났어요.
	② 가: 어제는 몇 시에 잤어요?	나: 밤 열한시에 잤어요.
	③ 가: 영어 수업은 몇 시부터 몇 시까지예요?	나: 아침 아홉시부터 열시 반까지예요.
	④ 가: 하루에 몇 시간 자요?	나: 여섯 시간 자요.

3.	① 가: 하루에 몇 번 발을 씻어요?	나: 두 번 씻어요.
	② 가: 한국 친구는 몇 명 있어요?	나: 세 명 있어요.
	③ 가: 몇 번째 식사예요?	나: 두 번째 식사예요.
	④ 가: 일 년에 책 몇 권 읽어요?	나: 열다섯 권 읽어요.
	⑤ 가: 샤프 몇 자루 있어요?	나: 다섯 자루 있어요.

4.	① 나: 고구마 세 개하고 당근 다섯 개 주세요.	② 나: 파 두 단하고 양배추 네 개 주세요.
	③ 나: 양파 다섯 개하고 감자 열 개 주세요.	④ 나: 버섯 열다섯 개하고 땅콩 한 봉지 주세요.
	⑤ 나: 배추 네 개하고 부추 두 단 주세요.	

初級第14課

2.	① 가: 왜 수업을 쉬어요?	나: 감기라서 쉬어요.
	② 가: 왜 일찍 자요?	나: 두통이라서 일찍 자요.

	③ 가: 왜 반바지를 입어요?		나: 여름이라서 반바지를 입어요.
	④ 가: 왜 이 가방은 싸요?		나: 세일이라서 싸요.
	⑤ 가: 왜 서울은 추워요?		나: 북쪽이라서 추워요.

3.	① 가: 주말 여행은	나: 유후인으로 가요.	② 가: 신혼여행은	나: 제주도로 가요.
	③ 가: 아르바이트를 하러	나: 오이타공항으로 가요.	④ 가: 성을 보러	나: 구마모토로 가요.
	⑤ 가: 깻잎을 사러	나: 밀양으로 가요.		

4.	① 가: 저 사람은 예쁘네요?	나: 키도 크군요.
	② 가: 한국어를 아주 잘하네요?	나: 문장도 훌륭하군요.
	③ 가: 여자아이가 정말 귀엽네요?	나: 다리도 정말 예쁘군요.
	④ 가: 저 가게는 굉장히 싸네요?	나: 양도 많군요.
	⑤ 가: 대학 생활은 아주 즐겁네요?	나: 친구도 많군요.

初級第15課

2.	① 가: 목욕탕에서 발을 안 씻어요?	나: 네. 씻지 않아요.
	② 가: 공원에서 아이와 안 놀아요?	나: 네. 놀지 않아요.
	③ 가: 서울에서 지하철을 안 타요?	나: 네. 타지 않아요.
	④ 가: 한국 사람에게 일본어를 안 가르쳐요?	나: 네. 가르치지 않아요.
	⑤ 가: 주말에 영어 숙제를 안 해요?	나: 네. 숙제를 하지 않아요.

3.	① 가: 반딧불을 못 찾아요?	나: 네 찾지 못해요.
	② 가: 닭이 하늘을 못 날아요?	나: 네 날지 못해요.
	③ 가: 메뚜기를 못 먹어요?	나: 네 먹지 못해요.
	④ 가: 까마귀를 못 만져요?	나: 네 만지지 못해요.
	⑤ 가: 무궁화를 못 심어요?	나: 네 심지 못해요.

4.	① 나: 그녀한테서 백합꽃 다섯 송이를 받았어요.	② 나: 미오 씨한테서 대나무 젓가락을 스무 개를
	③ 나: 일본 친구한테서 편백나무 욕조를 받았어요.	받았어요.
	⑤ 나: 선생님한테서 병아리 두 마리를 받았어요.	④ 나: 마미 씨한테서 참나무 세 그루를 받았어요.

初級第16課

2.	① 가: 무엇을(=뭘) 하겠어요?	나: 분식을 먹읍시다. / 분식을 먹자!
	② 가: 무엇을(=뭘) 마시겠어요?	나: 음료수를 마십시다. / 음료수를 마시자!
	③ 가: 어디에 가겠어요?	나: 삿포로에 갑시다. / 삿포로에 가자!
	④ 가: 언제 오키나와에 가겠어요?	나: 다음 달에 갑시다. / 다음 달에 가자!
	⑤ 가: 언제 쉬겠어요?	나: 일요일에 합시다. / 일요일에 하자!

3.	① 가: 여우하고 다람쥐를 보고 싶어요?	나: 아뇨, 여우하고 다람쥐를 보고 싶지 않아요.
	② 가: 새우하고 굴을 먹고 싶어요?	나: 아뇨, 새우하고 굴을 먹고 싶지 않아요.
	③ 가: 조개하고 참치를 사고 싶어요?	나: 아뇨, 조개하고 참치를 사고 싶지 않아요.

4.	① 가: 엄마는 한국영화를 보고 싶어 해요?	나: 아뇨, 한국영화를 보고 싶어 하지 않아요.
	② 가: 할아버지는 청소를 하고 싶어 해요?	나: 아뇨, 청소를 하고 싶어 하지 않아요.
	③ 가: 안사람(=처)은 토요일에 일하고 싶어 해요?	나: 아뇨, 토요일에 일하고 싶어 하지 않아요.

5.	① 가: 주말에 고기를 먹겠어요?	나: 네, 많이 먹겠습니다.
	② 가: 점심까지 자겠어요?	나: 네, 정말 자겠습니다.
	③ 가: 친구는 곧 도착해요?	나: 네, 곧 도착하겠어요

初級第17課

2.　① 가: 차는 있으세요?　　　　　　　　　　한 대만 빌려 주세요.

　　② 가: 볼펜은 있으세요?　　　　　　　　　주소하고 전화번호만 써 주세요.

　　③ 가: 언니(누나)는 계세요?(=있으세요?)　모레만 데려가 주세요.

　　④ 가: 일요일에 시간은 있으세요?　　　　두 시간만 영어를 가르쳐 주세요.

　　⑤ 가: 프린터는 있으세요?　　　　　　　서류 세 장만 인쇄해 주세요.

3.　① 가: 히로시마에 가면 뭐 드세요?　　　나: 야키소바만 먹어요.

　　② 가: 날씨가 나쁘면 뭐 하세요?　　　　나: 집에서 공부만 해요.

　　③ 가: 일을 쉬면 뭐 하세요?　　　　　　나: 집에서 영화만 봐요.

　　④ 가: 아침에 일어나면 뭐 드세요?　　　나: 과일쥬스만 마셔요.

　　⑤ 가: 밤에 친구를 만나면 뭐 하세요?　나: 함께 술만 마셔요.

4.　① 나: 조심해서 가세요.　　　　　　② 나: 천천히 걸으세요.

　　③ 나: 빨리 메일을 보내 주세요.　　④ 나: 여기에서 신발을 벗어 주세요.

　　⑤ 나: 화장실 전기를 꺼 주세요.

初級第18課

2.　① 나1: 아이하고 놀고 우유를 마십니다.　　나2: 아이하고 놉니다. 그리고 우유를 마십니다.

　　② 나1: 발을 씻고 얼굴을 씻습니다.　　　　나2: 발을 씻습니다. 그리고 얼굴을 씻습니다.

　　③ 나1: 야구를 하고 축구를 합니다.　　　　나2: 야구를 합니다. 그리고 축구를 합니다.

　　④ 나1: 미술관에 가고 아빠를 만납니다.　　나2: 미술관에 갑니다. 그리고 아빠를 만납니다.

　　⑤ 나1: 버스를 타고 지하철을 탑니다.　　　나2: 버스를 탑니다. 그리고 지하철을 탑니다.

3.　① 가: 모레 뭐 하세요?　　　　나: 미술관에 가서 그림은 보지만 안 사요.

　　② 가: 토요일에 뭐 하세요?　　나: 마트에 가서 과자를 사지만 안 먹어요.

　　③ 가: 어제 뭐 하셨어요?　　　나: 역에 가서 밥을 먹었지만 옷은 안 샀어요.

　　④ 가: 작년에 뭐 하셨어요?　　나: 공원에 가서 자전거를 탔지만 낚시는 안 했어요.

　　⑤ 가: 주말 저녁에 뭐 하세요?　나: 친구를 만나서 영화를 보지만 커피는 안 마셔요.

4.　① 가: 왜 빨리 안 일어나세요?　나: 허리가 아파서 못 일어나요. 그래서 큰일이에요.

　　② 가: 왜 의자에 안 앉으세요?　나: 엉덩이가 아파서 못 앉아요. 그래서 다리가 아파요.

　　③ 가: 왜 집에 안 가세요?　　　나: 일이 많아서 못 가요. 하지만 안 피곤해요.

　　④ 가: 왜 택시를 안 타세요?　　나: 돈이 없어서 못 타요. 그러나 안 늦어요.

　　⑤ 가: 왜 아침밥을 안 드세요?　나: 이가 아파서 못 먹어요. 게다가 목도 아파요.

韓国語能力試験(TOPIK)について

1）概要：大韓民国政府（教育省）が実施する試験であり、韓国における大学や企業が唯一採択する韓国語（ハングル）資格試験です。試験結果は、大学の教育課程の運営、奨学金支給、留学や就職など幅広く活用されており、世界90カ国で毎年40万人の韓国語学習者が受験しております。（韓国教育財団HPより、2022年現在）

2）級の選択：TOPIK I （初級）・TOPIK II （中級+上級）の2つから選択し、TOPIK I は200点のうち、1級は80点以上、2級は140点以上、TOPIK II は300点うち、3級は120点以上、4級は150点以上、5級は190点以上、6級は230点以上であれば合格です。

3）級別の認定基準

TOPIK I	1級	自己紹介、買い物、飲食店での注文など生活に必要な基礎的な言語(ハングル)を駆使でき、身近な話題の内容を理解、表現できる。約800語程度の基礎的な語彙と基本文法を理解でき、簡単な文章を作れる。
	2級	電話やお願い程度の日常生活に必要な言語（ハングル）や、郵便局、銀行などの公共機関での会話ができる。約1,500～2,000語程度の語彙を用いた文章を理解でき、使用できる。
TOPIK II	3級	日常生活を問題なく過ごせ、様々な公共施設の利用や社会的関係を維持するための言語（ハングル）使用が可能。文章語と口語の基本的な特性を区分し理解、使用が可能。
	4級	公共施設の利用や社会的関係の維持に必要な言語（ハングル ）機能を遂行することができ、一般的な業務に必要な機能を実行できる。ニュースや新聞をある程度理解でき、一般業務に必要な言語（ハングル）が使用可能。よく使われる慣用句や代表的な韓国文化に対する理解をもとに社会・文化的な内容の文章を理解でき、使用できる。
	5級	専門分野においての研究や業務に必要な言語（ハングル）をある程度理解と使用ができ、政治・経済・社会・文化などの全般に渡った身近なテーマについて理解し、使用できる。公式的、非公式的且つ口語、文語的な脈絡に関する言語（ハングル）を適切に区分し、使用できる。
	6級	専門分野における研究や業務遂行に必要な言語（ハングル）機能を比較的正確に、流暢に使用でき、政治・経済・社会・文化などの全般的なテーマにおいて身近でないテーマに対しても不便なく使用できる。ネイティブ程度までではないが、自己表現を問題なく話すことができる。

4）問題の種類及び配点

	時間	領域	形式	問題数	配点	配点総計
TOPIK I	1時間目	聞取り（40分）	四択	30	100	200
		読 解（60分）	四択	40	100	
TOPIK II	1時間目	聞取り（60分）	四択	50	100	300
		筆 記（50分）	記述式	4	100	
	2時間目	読 解（70分）	四択	50	100	

5）時期と会場：韓国では年間6回実施しますが、日本では年3回（4月・７月・１０月）に実施しています。3ヶ月前（1月、5月、7月）にオンラインで申請することができます。なお、全国に試験会場があります。

詳細はHPで確認して下さい！　公益財団法人　韓国教育財団　https://www.kref.or.jp/examination

韓国語能力試験(TOPIK) 初級(1,847語、 表現及び助詞)

出典：韓国国立国際教育院　韓国語能力試験センター

(https://www.topik.go.kr/TWINFO/TWINFO0021.do?bbsId=BBSMSTR00073&nttId=1553&nttClCode1=ALL&pageIndex=1&searchType=&searchWord=)

掲示板名　　：韓国語能力試験　語彙目録

作成日　　　：2015.03.26

ファイル名：トピック語彙目録　公開目録

감탄사	뜻	길잡이말
그래	そう	대답
그럼	もちろん	그럼, 당연하지
글쎄	さあ	글쎄, 잘 몰라요
글쎄요	さあ	글쎄요. 몰라요.
네	はい	대답
아	あ	아, 그래요?
아니	いや	대답
아니요	いいえ	대답
야	おい	야, 같이 가자
어	あら	어, 이게 뭐야?
여보세요	もしもし	전화
예	はい	대답
와	わ	와, 정말 반갑다
음	うむ	음, 그럴 듯하다
응	うん	대답
저	あの	저, 있잖아요.

관형사	뜻	길잡이말
그런	そんな	그런 사람
네	四	숫자(4)
다른	他の、違う	다른 나라
두	二	숫자
두세	二三	두세 개
모든	すべて	모든 사람
무슨	何の	무슨 요일
새	新しい	새 옷
서너	三四	서너 개
세	三（固有数）	숫자
스무	二十（固有数）	숫자
약	約	약 1시간
어느	どの	어느 나라
어떤	どんな	어떤 느낌
여러	いくつ	여러 나라
옛	昔	옛 친구
이런	こんな	이런 일
저런	あんな	그런
전	全	전 세계
첫	初	첫 만남
한	一（固有数）	한 명
한두	一二（固有数）	한두 명

대명사 등	뜻	길잡이말
그	その	그 사람
아무	誰	아무도/아무 데도
거기	そこ	거기에 있다
그거	それ	그것
그것	それ	-
그곳	そこ	에 가다
그분	その方	을 만나다
그쪽	そちら	으로 가다
내	私の	내가
너	お前	나
너희	お前たち	너희 가족
한번	一度	한번 해 보다
현재	現在	현재 하는 일
네	お前の	네가
누구	誰	거기 누구 계세요?
무엇	何	-
어디	どこ	어디예요?
여기	ここ	장소
여러분	皆さん	국민 여러분
우리	我々	우리 가족
이거	これ	이것
이것	これ	-
이곳	ここ	장소
이분	この方	그분
이쪽	こちら	으로 향하다
저	私	사람(1인칭)
저거	あれ	저것
저것	あれ	-
저곳	あちら	장소
저기	そこ	장소
저분	その方	이분
저쪽	あちら	방향
저희	私達	저희 회사
제	私の	사람(1인칭)
뭐	何	뭐라고 말하다
이	この	그, 저
저	あれ	이도 저도
나	私	나와 너
언제	いつ	언제예요?

부사 등	뜻	길잡이말
안녕	こんにちは	친구야! 안녕.
전	前	오래 전
댁	お宅	선생님 댁
내일	明日	로 미루다
대부분	大半	대부분의 시간
매년	毎年	매년 증가하다
매달	毎月	매달 만나다

매일	毎日	매일 만나다	금방	すぐ	방금
매주	毎週	매주 만나다	깊이	深く	깊이 묻다
먼저	先	먼저 가다	깜짝	びっくり	깜짝 놀라다
모두	皆	모두 함께	깨끗이	きれいに	깨끗이 씻다
모레	明後日	시간	꼭	必ず	꼭 필요하다
물론	もちろん	물론 그렇다	너무	とても	너무 심하다
방금	今、只今	방금 가다	높이	高く	높이 날다
보통	普通	이 넘다	늘	いつも	늘 만나다
사실	事実、実	을 밝히다	다시	再び、もう一度	다시 시작하다
이제	これ、今	이제부터	더	もっと	하나 더
자연	自然	으로 돌아가다	더욱	もっと、一層	더욱 좋다
전부	全部	전부 모이다	드디어	やっと、ついに	드디어 끝나다
정말	本当に	정말 좋다	따로	別に	따로 분리하다
제일	最も	제일 좋아하다	또	また	또 생기다
조금	少し	조금 먹다	또는	または	남자 또는 여자
지금	今	지금부터	똑같이	同じく	똑같이 나누다
직접	直接	직접 만나다	똑바로	まっすぐ	똑바로 가다
진짜	本当に	진짜 괜찮다	많이	たくさん	많이 사다
벌써	もう	벌써 가다	매우	とても	매우 좋다
별로	あまり	별로 없다	멀리	遠く	멀리 가다
날	日	마지막 날	못	～しない	못 마시다
달	月	다음 달	무척	とても	무척 길다
시	時	몇 시/태어난 시	미리	事前に	미리 알리다
시간	時間	이 걸리다	바로	すぐ	바로 시작하다
월	月	몇 월	반드시	必ず	반드시 가다
일	日	삼 일	아까	先程	아까 먹다
주일	週日	이번 주일	약간	若干、少し	약간 크다
해	月、太陽	가 뜨다	어제	昨日	오늘
가끔	時々	가끔 보다	오늘	今日	시간
가득	一杯	가득 담다	보다	より	보다 높이
가장	最も、一番	가장 빠르다	빨리	早く	빨리 걷다
간단히	簡単に	간단히 끝내다	새로	新しく	새로 사다
갑자기	急に	갑자기 나타나다	서로	互い	서로 믿다
같이	一緒に	같이 살다	아마	多分	아마 -을 것이다
곧	すぐ	곧 가다	아무리	いくら	아무리 아이라고 해도
그냥	ただ、そのまま	그냥 가다	아주	とても	아주 쉽다
그대로	そのまま	그대로 두다	아직	まだ	아직 없다
그래서	それで	-	안	～しない	안 춥다
그러나	そして	-	안녕히	安らかに	안녕히 계세요
그러니까	だから	-	어서	早く	어서 일어나
그러면	それでは	-	언제나	いつも	언제나 함께
그러므로	だから	-	얼마나	どんなに	얼마나 예쁜지
그런데	しかし	-	역시	やはり	나 역시
그럼	では	그러면	열심히	一生懸命	열심히 공부하다
그렇지만	だけど	-	오래	長く	오래 쓰다
그리고	そして	-	완전히	完全に	완전히 끝나다
그만	その程度の	그만 먹다	왜	なぜ	왜 그래?

왜냐하면	なぜなら		다섯	五	다섯 개
우선	まず	먼저	마흔	四十	마흔 개
이따가	後で	이따가 가다	만	万	숫자
이미	すでに	이미 끝나다	백	百	숫자
일찍	早く	일찍 일어나다	백만	百万	백만 개
자꾸	しきりに	자꾸 반복하다	서른	三十	숫자
자세히	詳しく	자세히 알다	쉰	五十	숫자
자주	頻繁に	자주 만나다	십만	十万	숫자
잘	よく	잘 알다	억	億	숫자
전혀	全然	전혀 모르다	여덟	八	숫자
점점	だんだん	점점 추워지다	여든	八十	숫자
정신없이	夢中で	정신없이 일하다	여섯	六	숫자
조금씩	少しずつ	조금씩 가다	열	十	숫자
조용히	静かに	조용히 말하다	예순	六十	숫자
좀	少し	좀 비싸다	오	五	숫자
주로	主に	주로 말하다	일흔	七十	숫자
참	とても	참 좋다	천	千	숫자
천천히	ゆっくり	천천히 가다	넷째	四つ	넷째 시간
특별히	特別に	특별히 좋아하다	다섯째	五つ	다섯째 사람
특히	特に	특히 좋아하다	둘째	二つ	둘째 딸
푹	ぐっすり	푹 자다	셋째	三つ	숫자
하지만	だけど		첫째	一つ	첫째 시간
함께	一緒に	함께 놀다	천만	千万	숫자
항상	いつも	항상 같다	구	九	숫자
해마다	毎年	해마다 만나다	구십	九十	구십 살
혹시	もしかして	만일	몇	いくつ、何	몇 개
활발히	活発に	활발히 활동하다	사	四	숫자
훨씬	遥かに	훨씬 많다	사십	四十	숫자
각각	各々	각각 다르다	삼	三	삼 년
거의	ほぼ	거의 없다	삼십	三十	숫자
계속	ずっと	계속 달리다	십	十	숫자
그저께	おととい	그저께 밤	아홉	九	숫자
다	すべて	모두	아흔	九十	숫자
스스로	自ら	나 스스로	오십	五十	숫자
칠	七	숫자	육	六	숫자
칠십	七十	숫자	육십	六十	숫자
팔	八	숫자	이	二	둘
팔십	八十	숫자	이십	二十	숫자
잘못	過ち	이 많다	일	一	숫자
잠깐	ちょっと	잠깐 기다리다	일곱	七	숫자
잠시	ちょっと	잠시 기다리다	가운데	真ん中	가운데 자리
혼자	一人で	살다	가위	ハサミ	로 자르다
수사 등	**뜻**	**길잡이말**	가을	秋	계절
넷	四	숫자	가족	家族	식구
둘	二	숫자	간식	おやつ、間食	을 먹다
셋	三	숫자	간장	醤油	을 넣다
스물	二十	숫자	하나	一	숫자

의존명사 등	뜻	길잡이말
가지	種、種類	몇
개	個	한 개
개월	ヶ月	삼 개월
거	こと、もの	것
것	こと、もの	먹을 것
권	冊	책 한 권
년	年	25년
대	台	차 한 대
도	度	영상 일 도
마리	匹	한 마리
말	末	학기 말
명	名	한 명
미터	メートル	백 미터
번	番	첫째 번
번째	番目	세 번째
벌	着	옷 한 벌
분	方	아는 분
분	分	60분
살	歳	세 살
세	歳	삼십 세
센티미터	センチメートル	단위
씨	さん、氏	마이클 씨
원	ウォン	천 원
인분	人前、人分	삼 인분
장	枚	한 장
중	中、途中	회의 중
쪽	側	방향
초	初	초기
초	秒	시간
켤레	足	한 켤레
킬로그램	キログラム	단위
킬로미터	キロメートル	단위
호	号	사월 호 잡지
회	回	여러 회
주	週	이번 주
-되다	～になる	취소되다
-하다	～だ	건강하다
이다	～だ	책이다

명사	뜻	길잡이말
가게	店	에 가다
가격	価格	이 비싸다
가구	家具	책상
가방	カバン	을 메다
가수	歌手	직업
가슴	胸	신체

가요	歌謡	를 부르다
고등학교	高等学校	에 입학하다
고등학생	高校生	이 되다
고모	叔母、伯母	친척
고민	悩み	을 나누다
고속버스	高速バス	를 타다
고양이	猫	를 기르다
간호사	看護師	로 일하다
갈비	カルビ	를 먹다
갈비탕	カルビスープ	을 먹다
갈색	茶色	색깔
감	柿	과일
감기	風邪	에 걸리다
감기약	風邪薬	을 먹다
감사	感謝	감사 인사
감자	ジャガイモ	채소
값	値、値段	을 깎다
강	川	을 건너다
강아지	仔犬	를 키우다
개	犬	동물
거리	街	로 나가다
거리	距離	가 가깝다
거실	居間	집
거울	鏡	을 보다
거절	断る、拒絶	을 하다
거짓말	嘘	을 하다
걱정	心配	이 되다
건강	健康	이 나빠지다
건너편	向側	으로 가다
건물	建物	을 짓다
걸음	歩行	이 느리다
검사	検査	숙제 검사
검은색	黒色	색깔
검정	黒	색깔
겉	表	안과 겉
게임	ゲーム	컴퓨터 게임
겨울	冬	계절
결과	結果	가 나오다
결석	欠席	을 하다
결심	決心	을 하다
결정	決定	을 내리다
결혼	結婚	을 하다
결혼식	結婚式	을 올리다
경기	競技	를 보다
경찰	警察	경찰 조사(기관)
경찰서	警察署	에 신고하다
경치	景色	가 좋다

경험	経験	을 쌓다	교환	交換	을 하다
계단	階段	을 오르다	교회	教会	기독교
계란	卵	을 먹다	구경	見物	을 다니다
계산	計算	이 정확하다	구두	靴（革製）	를 신다
계절	季節	이 바뀌다	구름	雲	이 끼다
계획	計画	을 세우다	구월	九月	달(월)
고개	首、頭	를 들다	국	スープ	을 끓이다
고기	肉	를 먹다	국내	国内	국내 여행
그동안	その間	그동안 잘 지내다	국수	麺類の総称	를 먹다
그때	その時	그때 그시절	국적	国籍	대한민국 국적
그릇	器	에 담다	국제	国際	국제 관계
그림	絵	을 그리다	군인	軍人	직업 군인
극장	劇場	에서 상영하다	귀	耳	로 듣다
근처	近所、近く	집 근처	귀걸이	イヤリング	를 달다
글	文、文書	을 쓰다	규칙	規則	을 어기다
글씨	字、書	를 쓰다	귤	みかん	을 까다
고장	故障	이 나다	그날	その日	그날 일
고추장	唐辛子味噌	을 넣다	남산	南山（地名）	지명
고향	故郷	에 가다	남성	男性	여성
곳	所	어느 곳	남자	男子	여자
공	ボール	을 굴리다	남쪽	南側	북쪽
공무원	公務員	으로 일하다	남편	夫	아내
공부	勉強	를 하다	남학생	男子学生	여학생
공원	公園	에서 놀다	낮	昼	밤
공장	工場	에서 일하다	낮잠	昼寝	을 자다
공짜	無料、ただ	로 주다	글자	文字	를 쓰다
공책	ノート	에 쓰다	금요일	金曜日	요일
공항	空港	공항 터미널	금지	禁止	통행 금지
공휴일	祝祭日	로 정하다	기간	期間	이 지나다
과거	過去	를 잊다	기름	油	에 튀기다
과일	果物	을 깎다	기말시험	期末試験	을 보다
과자	菓子	를 먹다	기분	気分、気持ち	이 좋다
관계	関係	를 맺다	기쁨	喜び	을 나누다
관광	観光	국내 관광	기숙사	寄宿舎	에서 살다
관광객	観光客	외국인 관광객	기억	記憶、覚え	이 나다
관광지	観光地	국내 관광지	기온	気温	이 높다
관심	関心、興味	을 가지다	기자	記者	신문 기자
광고	広告	신문 광고	기차	汽車、列車	를 타다
광주	光州（地名）	지명	기차역	汽車駅	에 도착하다
교과서	教科書	에서 배우다	기차표	汽車のきっぷ	를 끊다
교사	教師	수학 교사	기침	咳	이 나다
교수	教授	대학 교수	기타	ギーター	를 치다
교실	教室	에 들어가다	기회	機会、チャンス	를 놓치다
교육	教育	을 받다	긴장	緊張	을 풀다
교통	交通	교통 수단	길	道	이 막히다
교통비	交通費	가 들다	길이	長さ	를 재다
교통사고	交通事故	가 나다	김	海苔	을 먹다

김밥	海苔巻き	을 싸다	노트	ノート	에 쓰다
김치	キムチ	를 담그다	녹색	緑色	색깔
김치찌개	キムチチゲ	를 끓이다	녹차	緑茶	를 마시다
까만색	黒色	색깔	놀이	遊び	인형 놀이
껌	ガム	을 씹다	농구	バスケットボール	농구 경기
꽃	花	이 피다	농담	冗談	을 주고받다
꽃다발	花束	을 선물하다	높이	高さ	가 높다
꽃병	花瓶	을 깨뜨리다	누나	姉	사촌 누나
꽃집	花屋	을 열다	눈	目	이 작다
꿈	夢	을 꾸다	눈	雪	날씨
끝	終わり	시작	눈물	涙	이 흐르다
나라	国	우리 나라	뉴스	ニュース	를 보다
나머지	余り	나머지 돈	느낌	感じ、感	이 좋다
나무	木	를 심다	능력	能力	이 있다
나이	年、年齢	가 많다	다리	脚	가 길다
나중	後で	에 깨닫다	다리	橋	를 건너다
나흘	四日	이 걸리다	다림질	アイロンがけ	을 하다
낚시	釣り	를 가다	다양	多様	다양한 방법
날씨	天気	가 좋다	다음	次	다음 날
날짜	日付	를 정하다	다음날	翌日	에 만나다
남	他人	타인	다이어트	ダイエット	에 성공하다
남녀	男女	남녀 평등	단순	単純	단순 노동
남대문	南大門	고적	단어	単語	를 외우다
남동생	弟	을 돌보다	단추	ボタン	가 떨어지다
대구	大邱（地名）	에 살다	단풍	紅葉	이 들다
대답	返答	을 기다리다	달걀	卵	을 삶다
대사관	大使館	미국 대사관	달력	カレンダー	을 걸다
대전	大田（地名）	지명	달리기	走り	가 빠르다
대학	大学	에 들어가다	닭	鶏	을 키우다
대학교	大学（校）	에 입학하다	닭고기	鶏肉	를 볶다
대학생	大学生	이 되다	담배	タバコ	를 피우다
대학원	大学院	을 다니다	답	答え	이 없다
대화	会話	를 나누다	답장	返答	을 보내다
대회	大会	가 열리다	러시아	ロシア	나라
내과	内科	병원	레스토랑	レストラン	에서 먹다
내년	来年	내년 여름	마당	マダン	이 넓다
내용	内容	수업 내용	마을	村	에 살다
냄비	鍋	에 끓이다	마음	心	이 따뜻하다
냄새	匂い	를 맡다	마중	迎え	을 가다
냉면	冷麺	을 먹다	마지막	最後	마지막 경기
냉장고	冷蔵庫	에 넣다	마트	マート	에서 사다
넥타이	ネクタイ	를 매다	막걸리	マッコリ	를 마시다
노란색	黄色	색깔	만두	餃子	음식
노래	歌	를 부르다	덕분	おかげ	부모님 덕분
노래방	カラオケ	에 가다	데이트	デート	를 신청하다
노력	努力	을 하다	도로	道路	를 건너다
노인	老人	을 공경하다	도서관	図書館	에서 공부하다

도시	都市	를 건설하다	밀가루	小麦粉	밀가루 음식
도움	助け	을 받다	밑	下	에 두다
도착	到着	도착 시간	바깥	外	에 나가다
독서	読書	를 하다	바깥쪽	外側	으로 나가다
독일	ドイツ	나라	바나나	バナナ	과일
돈	お金	을 벌다	만약	万一	만약의 경우
돈가스	トンカツ	를 먹다	만일	もしも	에 대비하다
돌	石	을 던지다	만화	漫画	를 그리다
동네	村	동네 사람	말	言葉	을 하다
동대문	東大門	고저	말	馬	을 타다
동물	動物	을 키우다	말레이시아	マレーシア	나라
동물원	動物園	에 가다	말씀	お言葉	이 없다
동생	弟、妹	이 태어나다	맛	味	이 달다
동시	同時	에 일어나다	매표소	切符売り場	극장 매표소
동안	間	며칠 동안	맥주	ビール	를 마시다
동전	コイン	백 원짜리 동전	머리	頭	가 크다
동쪽	東側	방향	머리카락	髪の毛	을 자르다
돼지	豚	를 기르다	멋	オシャレ	을 내다
돼지고기	豚肉	를 먹다	메뉴	メニュー	를 고르다
된장	味噌	에 찍다	메모	メモ	를 하다
된장찌개	味噌鍋	를 먹다	메시지	メッセージ	를 남기다
두부	豆腐	를 먹다	메일	メール	을 쓰다
두통	頭痛	을 앓다	며칠	何日	이 걸리다
뒤	後ろ	에 있다	명절	民族的祝祭日	을 맞다
뒤쪽	後ろ側	방향	모기	蚊	에 물리다
드라마	ドラマ	를 보다	모습	様子	을 보이다
등	背中	신체	모양	模様	별 모양
등산	登山	을 가다	모임	集まり	에 나가다
디자인	デザイン	이 예쁘다	모자	帽子	를 쓰다
딸	娘	아들	목	首	이 길다
딸기	イチゴ	과일	목걸이	ネックレス	를 하다
땀	汗	이 나다	목도리	マフラー	를 하다
땅	地面	에 떨어지다	목소리	声	가 크다
때	時	어릴 때	목요일	木曜日	요일
떡	餅	음식	목욕	沐浴、湯入り	을 하다
떡국	餅スープ	음식	목욕탕	風呂	에서 씻다
떡볶이	トッポッキ	음식	목적	目的	을 이루다
뜻	意味	이 어렵다	몸	体	이 건강하다
라디오	ラジオ	를 켜다	몽골	モンゴル	나라
라면	ラーメン	음식	무	大根	를 심다
물고기	魚	를 잡다	무게	重さ	가 나가다
미국	アメリカ	나라	무궁화	ムクゲ	꽃
미래	未来	가 밝다	무료	無料	로 주다
미술관	美術館	국립 미술관	무릎	膝	신체
미안	ごめん	인사	문	ドア	을 열다
미역국	わかめスープ	을 끓이다	문제	問題	를 풀다
미용실	美容室	에 가다	문화	文化	를 교류하다

물	水	을 마시다	배드민턴	バドミントン	을 치다
물건	物、品物	을 사다	배우	俳優	연극 배우
베트남	ベトナム	나라	배추	白菜	를 다듬다
벽	壁	에 걸다	배탈	食あたり	이 나다
변호사	弁護士	직업	백화점	デパート	에서 사다
별	星	이 빛나다	뱀	蛇	동물
병	病	에 걸리다	버릇	癖	이 되다
병	瓶	을 깨다	버스	バス	를 타다
병문안	お見舞い	을 가다	번호	番号	를 매기다
병원	病院	에 가다	사월	四月	달(월)
보라색	紫色	색깔	사이	間	에 놓다
복습	復習	예습	사이다	サイダー	를 마시다
볶음밥	焼き飯	음식	사이즈	サイズ	가 크다
볼펜	ボールペン	으로 쓰다	사장	社長	이 되다
바다	海	를 건너다	사전	辞書、辞典	을 찾다
바닥	床	에 떨어지다	사진	写真	카메라
바닷가	海辺	로 나가다	사탕	飴	을 먹다
바람	風	이 불다	사흘	三日	시간
바이올린	バイオリン	을 켜다	산	山	에 오르다
바지	ズボン	를 입다	산책	散策、散歩	을 나가다
박물관	博物館	을 구경하다	살	肉	이 찌다
박수	拍手	를 치다	삼거리	Ｔ字路	가 나오다
밖	外	안	삼겹살	豚バラ	음식
반	半分	사과 반	봄	春	계절
반	班、クラス	우리 반	봉투	封筒	를 열다
반대	反対	로 가다	부모님	ご両親	께 효도하다
반바지	半ズボン	를 입다	부부	夫婦	부부 싸움
반지	指輪	를 끼다	부분	部分	으로 나누다
반찬	おかず	을 먹다	부산	釜山（地名）	지명
발	足	이 크다	부엌	台所	에서 요리하다
발가락	足の指	신체	부인	婦人、奥さん	아내
발바닥	足の裏	신체	부자	金持ち	가 되다
밤	夜、晩	이 깊다	부장	部長	으로 승진하다
밥	ご飯	을 하다	부족	不足	산소 부족
방	部屋	이 넓다	부탁	頼み	을 받다
방문	部屋のドア	을 닫다	북쪽	北側	방향
방문	訪問	고향 방문	분식	粉食、軽食	을 먹다
방법	方法	사용 방법	분위기	雰囲気	어색한
방송	放送	을 보다	분홍색	ピンク色	색깔
방송국	放送局	라디오 방송국	불	火	을 피우다
방학	長期休み	겨울 방학	불고기	プルゴギ	음식
방향	方向	을 바꾸다	불안	不安	이 커지다
배	お腹	신체	불편	不便	이 따르다
배	船	를 타다	블라우스	ブラウス	를 입다
배	梨	를 먹다	비	雨	가 그치다
배	倍	두 배	비교	比較	비교 대상
배달	配達、出前	을 시키다	비누	石鹸	로 씻다

비디오	ビデオ	비디오 두 편	생선	鮮魚	을 굽다
비밀	秘密	을 지키다	생신	お誕生日	생일
비빔밥	ピビンバ	음식	생일	誕生日	파티
비행기	飛行機	를 타다	생활	生活	직장 생활
빌딩	ビル	을 짓다	샤워	シャワー	를 하다
빨간색	赤色	색깔	서랍	引き出し	을 닫다
빨래	洗濯	를 하다	서류	書類	문서
빵	パン	을 먹다	서비스	サービス	서비스 정신
빵집	パン屋	에서 일하다	서양	西洋	동양
사거리	交差点	를 건너다	서울	ソウル	도시
사계절	四季	이 뚜렷하다	서점	書店	책방
사고	事故	가 나다	서쪽	西側	방향
사과	りんご	과일	선물	プレゼント	을 받다
사람	人	이 살다	선배	先輩	후배
사랑	愛	연인 간의	선생님	先生	국어 선생님
사무실	事務室	에 출근하다	선수	選手	축구 선수
사업	事業	사업 수완	선택	選択	을 하다
사용	使用	을 하다	선풍기	扇風機	를 켜다
성격	性格	이 좋다	설거지	洗い物	를 하다
성공	成功	실패	설날	お正月	명절
성적	成績	을 거두다	설렁탕	ソルロンタン	음식
성함	お名前	을 묻다	설명	説明	을 듣다
세계	世界	세계 여행	설탕	砂糖	을 넣다
세배	新年のあいさつ	를 드리다	섬	島	제주도
세상	世の中	이 넓다	성	名字	김 씨
세수	洗顔	얼굴	슈퍼마켓	スーパーマーケット	에서 사다
세탁	洗濯	을 하다	스웨터	セーター	를 입다
세탁기	洗濯機	를 돌리다	스카프	マフラー	를 매다
세탁소	ランドリー	에 옷을 맡기다	스케이트	スケート	를 신다
센터	センター	쇼핑 센터	스키	スキー	를 신다
소	牛	동물	스키장	スキー場	에서 놀다
소개	紹介	직업 소개	스타	スター	인기 스타
삼계탕	サムゲタン	음식	스트레스	ストレス	를 풀다
삼월	三月	달(월)	스파게티	スパゲッティ	음식
삼촌	叔父、伯父	친척	스포츠	スポーツ	스포츠 경기
상	賞	을 받다	슬픔	悲しみ	에 잠기다
상자	箱	에 넣다	습관	習慣	을 기르다
상처	傷	가 낫다	시	市	서울시
상추	レタス	식물	시간표	時間表	를 짜다
상품	商品	을 팔다	시계	時計	시간
새	鳥	동물	시골	田舎	에 살다
새벽	夜明け	에 일어나다	소고기	牛肉	를 먹다
새해	新年	가 다가오다	소금	塩	이 짜다
색	色	색깔	소리	音	가 나다
색깔	色彩	이 진하다	소설	小説	고전 소설
샌드위치	サンドイッチ	음식	소식	便り	을 듣다
생각	考え	에 빠지다	소주	焼酎	를 마시다

소파	ソーパー	가구	악기	楽器	를 연주하다
소포	小包	우편	안	内	밖
소풍	遠足	을 가다	안개	霧	가 끼다
소화제	消火剤	약	시내	市内	시외
속	中	주머니 속	시민	市民	을 설득하다
속도	速度	가 빠르다	시어머니	姑	를 모시다
속옷	下着	을 입다	시월	四月	달(월)
손	手	신체	시작	始まり	끝
손가락	手の指	신체	시장	市場	에 가다
손녀	孫娘	를 돌보다	시청	市庁	시청 공무원
손님	お客	이 없다	시험	試験	을 보다
손바닥	手の裏	신체	식구	家族、食口	가족
손수건	ハンカチ	으로 닦다	식당	食堂	에서 식사하다
송편	ソンピョン	음식	식빵	食パン	을 먹다
쇼핑	ショピング	을 가다	식사	食事	를 하다
수	数	숫자	식초	酢	를 넣다
수건	タオル	으로 닦다	식탁	食卓	을 차리다
수고	お疲れ	를 하다	식품	食品	을 섭취하다
수박	スイカ	을 먹다	신랑	新郎	신부
수술	手術	을 받다	신문	新聞	을 읽다
수업	授業	을 받다	신발	履物、靴	을 신다
수영	水泳	을 배우다	신부	新婦	신랑
수영복	水着	을 입다	신분증	身分証	을 확인하다
수영장	水泳場	에 다니다	신청	申請	을 받다
수요일	水曜日	요일	신호	信号	를 기다리다
수저	匙	를 놓다	신호등	信号機	을 기다리다
수첩	手帳	에 쓰다	신혼여행	新婚旅行	을 떠나다
숙제	宿題	를 하다	실례	失礼	가 되다
순두부찌개	スンドゥブチゲ	음식	실수	ミス、失敗	를 하다
순서	順序	를 매기다	실패	失敗	성공
숟가락	匙	을 들다	십이월	十二月	달(월)
술	お酒	을 마시다	십일월	十一月	달(월)
술집	酒屋	에서 술을 마시다	쌀	米	보리
숫자	数字	를 세다	쓰레기	ゴミ	를 줍다
아래쪽	下側	방향	쓰레기통	ゴミ箱	을 버리다
아르바이트	アルバイト	를 구하다	아가씨	お嬢さん	아줌마
아무것	どれ	이나 괜찮다	아기	赤ちゃん	가 울다
아버님	お父さま	가족	아나운서	アナウンサー	직업
아버지	お父さん	가족	아내	妻	남편
아빠	パパ	가족	아들	息子	을 낳다
아이	子ども	어른	아래	下	위치
아이스크림	アイスクリーム	을 먹다	여권	旅券	을 발급하다
아저씨	おじさん	아주머니	여기저기	あっちこっち	장소
아주머니	おばさま	아저씨	여동생	妹	가족
아줌마	おばさん	아주머니	여름	夏	계절
아침	朝	이 되다	여성	女性	남성
아파트	高層マンション	에 살다	여자	女子	남자

여학생	女子学生	남학생	엉덩이	お尻	신체
여행	旅行	을 가다	에어컨	エアコン	을 켜다
여행사	旅行会社	에서 일하다	엘리베이터	エレベーター	를 타다
여행지	旅行地	로 떠나다	올림	より	편지
역	駅	에 내리다	올림픽	オリンピック	올림픽 경기
역사	歴史	한국의	올해	今年	시간
연결	連結	을 끊다	옷	服	을 입다
연극	演劇	을 보다	옷걸이	服掛け	에 걸다
연락	連絡	을 주다	옷장	箪笥	에 넣다
연락처	連絡先	를 남기다	와이셔츠	ワイシャツ	를 입다
연말	年末	이 되다	왕	王	이 되다
연세	お年	가 드시다	외국	外国	에 가다
안경	メガネ	을 쓰다	외국어	外国語	로 말하다
안내	案内	관광	외국인	外国人	을 만나다
안내문	案内文	을 받다	외출	外出	을 준비하다
안전	安全	을 지키다	왼손	左手	오른손
안쪽	内側	바깥쪽	왼쪽	左側	오른쪽
앞	前	으로 나가다	요금	料金	전화 요금
앞쪽	前側	으로 향하다	요리	料理	방법
애	子ども（縮約形）	어른	요리사	コック	직업
애인	恋人	연인	요일	曜日	시간
앨범	アルバム	사진	연습	練習	피아노 연습
야구	野球	축구	연예인	芸能人	직업
야채	野菜	를 먹다	연필	鉛筆	로 쓰다
약	薬	을 먹다	연휴	連休	연휴 동안 쉬다
약국	薬局	에 가다	열	熱	이 나다
약사	薬剤師	가 되다	열쇠	鍵	로 열다
약속	約束	을 지키다	열차	列車	를 타다
양말	靴下	을 신다	열흘	十日	시간
양복	洋服、背広	을 입다	엽서	ハガキ	를 보내다
양식	洋食	한식	영	零	숫자
양식집	洋食屋	에 가다	영국	イギリス	나라
양치질	歯磨き	을 하다	영수증	領収証	을 받다
얘기	話（縮約形）	를 들려주다	영어	英語	언어
어깨	肩	신체	영하	零下、氷点下	로 떨어지다
어른	大人	이 되다	영화	映画	를 보다
어린아이	子ども	와 놀다	영화관	映画館	에 가다
어린이	子ども	사람	영화배우	映画俳優	직업
어머니	お母さん	가족	옆	横、隣	오른쪽 옆
어머님	お母様	가족	옆집	隣家	에 살다
어젯밤	昨夜	시간	예매	前売り	영화표 예매
언니	姉	가족	예술	芸術	예술 작품
언어	言語	로 표현하다	예습	予習	복습
얼굴	顔	신체	예약	予約	호텔 예약
얼마	いくら	얼마예요?	옛날	昔	먼 옛날
얼음	氷	이 녹다	오래간만	久しぶり	오래간만에 만나다
엄마	ママ	가족	오랜만	久しぶり	오랜만에 만나다

오랫동안	長い間	오랫동안 사귀다	월급	月給	을 받다
오렌지	オレンジ	과일	월요일	月曜日	요일
오른손	右手	왼손	위	上	아래
오른쪽	右側	왼쪽	위쪽	上側	을 향하다
오빠	兄	가족	위치	位置	를 정하다
오월	五月	달(월)	위험	危険	이 닥치다
오이	キュウリ	채소	유리	ガラス	가 깨지다
오전	午前	오후	유명	有名	유명 가수
오후	午後	오전	유월	六月	달(월)
온도	温度	가 높다	유치원	幼稚園	에 입학하다
음식점	飲食店	에서 식사하다	유학	留学	을 가다
음악	音楽	을 듣다	유학생	留学生	유학생 신분
음악가	音楽家	가 연주하다	유행	流行	을 따르다
의미	意味	가 있다	육교	陸橋	를 건너다
의사	医者	치과 의사	윷놀이	ユンノリ	를 하다
의자	椅子	에 앉다	은행	銀行	에 입금하다
이	歯	를 닦다	음료	飲料	를 마시다
이날	この日	이날 공연	음료수	飲料水	물
이때	この時	를 놓치다	음식	飲食	을 먹다
이름	名前	을 묻다	자랑	自慢	을 하다
이마	おでこ	신체	자리	席	에 앉다
이모	母の姉妹	친척	자식	子、子ども	을 기르다
이번	今度	이번 주	자신	自身	나 자신
이불	布団	을 덮다	자유	自由	를 누리다
이사	引っ越し	를 가다	자장면	ジャージャー麺	음식
이삿짐	引っ越し荷物	을 싸다	자전거	自転車	를 타다
이상	以上	한 시간 이상	자판기	自販機	커피 자판기
이상	異常	이상 기온	작년	昨年	시간
이야기	話	를 들려주다	잔	盃	커피 잔
이용	利用	이 많다	잔치	お祝い	생일 잔치
요즘	最近	시간	잠	睡眠、寝ること	을 자다
우동	うどん	을 먹다	잡지	雑誌	를 보다
우리나라	我が国	우리나라 사람	잡채	チャプチェ	음식
우산	傘	을 쓰다	장갑	手袋	을 끼다
우유	牛乳	를 마시다	장난감	玩具	을 가지고 놀다
우체국	郵便局	에 가다	장마	梅雨	가 오다
우표	切手	를 붙이다	장미	バラ	꽃
운동	運動	운동 시설	장소	場所	를 정하다
운동복	運動服	을 입다	재료	材料	를 준비하다
운동장	運動場	을 뛰다	이웃	隣	이웃 나라
운동화	運動靴	를 신다	이월	二月	달(월)
운전	運転	초보 운전	이유	理由	를 묻다
운전사	運転手	직업	이전	以前	이전의 경험
울산	蔚山（地名）	도시	이틀	二日	이 지나다
울음	泣き	을 그치다	이해	理解	가 쉽다
웃음	笑い	이 나다	이후	以降	이후의 삶
원피스	ワンピース	를 입다	인기	人気	가 많다

인도네시아	インドネシア	나라	중학교	中学校	에 입학하다
인사	挨拶	아침 인사	재미	面白み	가 있다
인삼	高麗人参	을 달이다	재채기	くしゃみ	가 나오다
인천	仁川（地名）	지명	저금	貯金	을 하다
인터넷	インターネット	에 접속하다	저녁	夕方	이 되다
인형	人形	인형 놀이	저번	前回	저번 주
일	仕事	이 쌓이다	전공	専攻、専門	을 결정하다
일기	日記	를 쓰다	전기	電気	가 끊기다
일본	日本	나라	전철	電鉄、電車	을 타다
일부	一部	일부 지역	전체	全体	전체 국민
일식	飲食	음식	전화	電話	를 걸다
일식집	和食屋	에서 먹다	전화기	電話機	가 울리다
일요일	日曜日	요일	전화번호	電話番号	를 묻다
일월	一月	달(월)	점수	点数	가 높다
일주일	一週間	이 걸리다	점심	昼	에 만나다
입	口	을 열다	점심때	昼食の時	가 되다
입구	入り口	지하철	점심시간	昼食時間	이 되다
입술	唇	신체	접시	皿	에 담다
입원	入院	입원 환자	젓가락	箸	을 쓰다
입장권	入場券	을 사다	정거장	停留場	버스 정거장
입학	入学	대학 입학	정도	程度	어느 정도
입학시험	入学試験	에 합격하다	정류장	停留場	버스 정류장
잎	葉	이 떨어지다	정리	整理	책상 정리
자기소개	自己紹介	를 하다	정문	正門	으로 다니다
자동차	自動車	를 운전하다	정원	庭園	을 가꾸다
자동판매기	自動販売機	를 누르다	정형외과	整形外科	에서 치료하다
주말	週末	을 보내다	정확	正確	발음이
주머니	ポケット	에 넣다	제목	題目	을 짓다
주문	注文	을 받다	제주도	チェジュ島	지명
주변	周辺	주변 환경	조심	用心、注意	운전 조심
주부	主婦	로 살다	조카	甥	가족
주사	注射	를 맞다	졸업	卒業	입학
주소	住所	를 적다	종류	種類	가 다양하다
주스	ジュース	를 마시다	종업원	授業員	직업
주위	周囲	눈 주위	종이	紙	에 쓰다
주인	主人	가게 주인	채소	蔬菜、野菜	를 먹다
주차	駐車	주차 위반	책	本	을 읽다
주차장	駐車場	에 세우다	책상	机	가구
주황색	オレンジ色	색깔	책장	本棚	가구
준비	準備	출근 준비	처음	初めて	처음 시작하다
줄	縄	을 감다	첫날	初日	새해 첫날
중간	中間	집과 학교의 중간	청년	青年	젊은 청년
중국	中国	나라	청바지	ジーパン	를 입다
중국집	中華料理店	에 주문하다	청소	清掃、掃除	화장실 청소
중심	中心	서울의 중심	청소년	青少年	청소년 시절
중앙	中央	무대 중앙	체육관	体育館	실내 체육관
중요	重要	중요 자료	체크무늬	チェック模様	체크무늬 남방

초대	招待	를 하다	커피숍	コーヒーショップ	에서 만나다
초대장	招待状	을 보내다	컴퓨터	コンピューター	컴퓨터 게임
초등학교	小学校	에 입학하다	컵	コップ	을 닦다
초등학생	小学生	이 되다	케이크	ケーキ	를 먹다
초록색	緑色	색깔	코	鼻	가 높다
초콜릿	チョコレート	을 먹다	코끼리	象	동물
최고	最高	최고 점수	콘서트	コンサート	를 보다
최근	最近	에 들다	콜라	コーラ	를 마시다
추석	中秋節	명절	콧물	鼻水	이 나오다
축구	サッカー	운동	콩	豆	식물
중학생	中学生	이 되다	크기	大きさ	가 크다
지각	遅刻	을 하다	크리스마스	クリスマス	크리스마스 트리
지갑	財布	에 넣다	큰소리	大声	가 들리다
지난달	先月	시간	키	背、身長	키가 큰 사람
지난번	前回	시간	탁구	卓球	를 치다
지난주	先週	시간	탕수육	酢豚	음식
지난해	去年	시간	태국	タイ	나라
지도	地図	를 보다	태권도	テコンドー	를 배우다
지방	地方	남쪽 지방	태극기	（韓国）国旗	를 달다
지우개	消しゴム	로 지우다	축구공	サッカーボール	을 차다
지하	地下	로 내려가다	축하	祝	축하 파티
지하도	地下道	를 건너다	출구	出口	로 나가다
지하철	地下鉄	을 타다	출근	出勤	퇴근
지하철역	地下鉄駅	에 도착하다	출발	出発	도착
직업	職業	을 구하다	출석	出席	을 부르다
직원	職員	을 모집하다	출입	出入り	을 통제하다
직장	職場	에 다니다	출입국	出入局	출입국 사무소
질문	質問	에 답하다	출장	出張	을 가다
짐	荷物	을 싸다	출퇴근	出退勤	을 하다
집	家	에 살다	춤	踊り	을 추다
집들이	引越し祝い	에 초대하다	취미	趣味	취미 생활
집안일	家事	을 보다	취소	取り消し	예약 취소
짜증	苛立ち	을 내다	취직	就職	이 되다
짝	ペア	을 맞추다	층	層	층 건물
짬뽕	ちゃんぽん	음식	치과	歯科	병원
찌개	チゲ	를 끓이다	치료	治療	를 받다
차	車	자동차	치마	スカート	를 입다
차	茶	를 마시다	치약	歯磨き粉	을 짜다
차례	順番	지키다	치킨	チキン	음식
찬물	お冷	을 마시다	친구	友達	를 만나다
참외	マクワウリ	과일	친절	親切	로 대하다
창문	窓	을 열다	친척	親戚	이 모이다
카페	カフェ	에서 만나다	칠월	七月	달(월)
칼	包丁	로 자르다	칠판	黒板	에 쓰다
칼국수	手打ちうどん	음식	침대	ベッド	가구
캐나다	カナダ	나라	침실	寝室	에서 자다
커피	コーヒー	를 마시다	칫솔	歯ブラシ	로 이를 닦다

칭찬	称賛	을 듣다	팀	チーム	을 이루다
카드	カード	를 쓰다	파란색	青色	색깔
카레	カレー	음식	파티	パーティー	를 열다
카메라	カメラ	로 찍다	팔	腕	신체
포도	ぶどう	과일	팔월	八月	달(월)
포장	舗装	선물 포장	편리	便利、利便	고객의 편리
표	切符	를 끊다	편안	平安	을 바라다
풍경	風景	을 보다	편의점	コンビニ	에서 사다
프라이팬	フライパン	에 볶다	편지	手紙	를 쓰다
프랑스	フランス	나라	평소	普段	와 같다
프로그램	プログラム	교육 프로그램	평일	平日	주말
피	血	를 흘리다	호텔	ホテル	에 묵다
피곤	疲れ	에 지치다	홍차	紅茶	를 마시다
피아노	ピアノ	를 치다	화	怒り	가 나다
피자	ピザ	를 주문하다	화가	画家	직업
필요	必要	를 충족하다	화요일	火曜日	요일
필통	筆箱	에 넣다	화장실	トイレ	에 가다
하늘	空	이 높다	화장품	化粧品	을 바르다
하늘색	空色	색깔	환영	歓迎	을 받다
하루	一日	를 보내다	환자	患者	을 돌보다
하숙비	下宿代	를 내다	환전	両替	달러 환전
하숙집	下宿屋	에 묵다	회사	会社	에 다니다
하얀색	白色	색깔	회사원	会社員	직업
학교	学校	에 다니다	회색	灰色	색깔
학기	学期	가 시작되다	회원	会員	을 모집하다
학년	学年	새 학년	회의	会議	가 열리다
학생	学生	을 가르치다	횡단보도	横断歩道	를 건너다
학생증	学生証	을 제시하다	후	後	오 분 후
태도	態度	가 좋다	후배	後輩	영화계 후배
태풍	台風	이 불다	휴가	休暇	를 가다
택배	宅配	로 보내다	휴게실	休憩室	에서 쉬다
택시	タクシー	를 타다	휴대폰	携帯電話	으로 전화하다
터미널	ターミナル	에서 내리다	휴일	休日	에 쉬다
테니스	テニス	를 치다	휴지	ちり紙	를 줍다
테니스장	テニス場	에서 연습	휴지통	ゴミ箱	에 버리다
테이블	テーブル	에 놓다	희망	希望	희망 사항
텔레비전	テレビ	을 보다	흰색	白色	색깔
토끼	ウサギ	동물	학원	塾	영어 학원
토마토	トマト	채소	한강	漢江 (地名)	지명
토요일	土曜日	요일	한국	韓国	나라
통장	通帳	을 만들다	한글	ハングル	을 쓰다
통화	通話	전화 통화	한복	韓服	을 입다
퇴근	退社	출근	한식	韓国定食	을 먹다
퇴원	退院	퇴원 수속	한식집	韓国定食屋	음식점
튀김	天ぷら	을 먹다	한옥	韓屋	에 살다
트럭	トラック	을 타다	한잔	（お酒）一杯	한잔 마시다
티셔츠	Tシャツ	를 입다	한턱	おごり	을 내다

할머니	お祖母さん	가족	힘	力	이 세다
할아버지	お祖父さん	가족			
할인	割引	할인 가격	**형용사**	**뜻**	**길잡이말**
항공	航空	항공 운항	가깝다	近い	거리가
항공권	航空券	을 예약하다	가늘다	細い	손가락이
해외	海外	에 수출하다	가볍다	軽い	짐이
해외여행	海外旅行	을 가다	간단하다	簡単だ	간단한 설명
햄버거	ハンバーグ	를 먹다	강하다	強い	힘이
햇빛	日光	이 비치다	같다	同じだ	서로 같다
행동	行動	에 옮기다	게으르다	怠ける	사람이
행복	幸福	을 빌다	고맙다	ありがたい	마음이
행사	行事	에 참여하다	고프다	空く	배가
허리	腰	신체	괜찮다	よい、いい	성격이
헬스클럽	フィットネスクラブ	에서 운동하다	굵다	太い	손가락이
혀	舌	신체	궁금하다	気になる	소식이
현금	現金	을 인출하다	귀엽다	可愛い	얼굴이
형	兄	가족	귀찮다	面倒だ	일이
형제	兄弟	아들 삼 형제	그렇다	そうだ	사정이
호랑이	虎	동물	그립다	懐かしい	가족이
호수	湖	가 맑다	급하다	急だ	사정이
낮다	低い	산이	기쁘다	喜ばしい	마음이
넓다	広い	집이	길다	長い	다리가
노랗다	黄色	병아리가	깊다	深い	바다가
높다	高い	산이	까맣다	真っ黒い	밤하늘이
느리다	遅い	걸음이	깨끗하다	きれいだ	옷이
다르다	異なる	모양이	나쁘다	悪い	공기가
달다	甘い	**맛이**	날씬하다	すらりとしている	몸매가
답답하다	虚しい	가슴이	낫다	勝る	더 낫다
더럽다	汚い	손이	심하다	酷い	장난이
덥다	暑い	날씨가	싱겁다	薄い	맛이
두껍다	厚い	책이	싸다	安い	가격이
따뜻하다	温かい	방 안이	쌀쌀하다	肌寒い	날씨가
똑같다	同じだ	모양이	쓰다	苦い	맛이
똑똑하다	利口だ、賢い	머리가	아니다	～でない	
뚱뚱하다	太っている	몸매가	아름답다	美しい	모습이
뜨겁다	熱い	국물이	아프다	痛い	다리가
많다	多い	돈이	알맞다	ふさわしい	크기가
맑다	きれい	공기가	약하다	弱い	힘이
맛없다	不味い	음식이	얇다	薄い、厚くない	두께가
맛있다	美味しい	음식이	어둡다	暗い	조명이
맵다	辛い	고추가	어떠하다	どうである	생각이
멀다	遠い	거리가	어떻다	どうだ	마음이
멋있다	格好いい	옷이	어렵다	難しい	문제가
못생기다	不細工だ	얼굴이	어리다	幼い	나이가
무겁다	重い	짐이	예쁘다	きれいだ	얼굴이
무섭다	怖い	귀신이	오래되다	古い	집이

옳다	正しい	생각이
외롭다	寂しい	삶이
이렇다	こうだ	결과가
이르다	早い	빠르다
익숙하다	慣れる	기계에
작다	小さい	얼굴이
잘생기다	ハンサムだ	얼굴이
재미없다	面白くない	이야기가
재미있다	面白い	이야기가
저렇다	ああだ	
바쁘다	忙しい	일이
반갑다	喜ばしい	손님이
복잡하다	複雑だ	생각이
부끄럽다	恥ずかしい	부끄럽게 웃다
부드럽다	柔らかい	머릿결이
부럽다	羨ましい	다른 사람이
부르다	腹一杯だ	배가
부지런하다	勤勉だ	사람이
분명하다	明らかだ	발음이
불쌍하다	可愛そうだ	표정이
붉다	赤い	색깔이
비슷하다	似ている	성격이
비싸다	高い	값이
빠르다	早い	걸음이
빨갛다	赤い	사과가
새롭다	新ただ	기억이
선선하다	涼しい	날씨가
섭섭하다	寂しい、残念だ	서운하다
세다	強い	주먹이
소중하다	極めて大事だ	친구가
쉽다	簡単だ、易しい	문제가
슬프다	悲しい	마음이
시끄럽다	うるさい	소리가
시다	酸っぱい	맛이
시원하다	爽やかだ	공기가
신선하다	新鮮だ	과일이
싫다	嫌だ、嫌いだ	일이
심심하다	退屈だ	지루하고 심심하다
화려하다	派手だ	보석이
훌륭하다	立派だ	작품이
흐리다	曇っている	공기가
힘들다	大変だ	일이
늦다	遅い	시계가
없다	ない、いない	재미가
크다	大きい	크기가

동사	뜻	길잡이말
가다	行く	학교에
가르치다	教える	한국어를
가리키다	指す	손가락으로
가져가다	持って行く	집에
가져오다	持って来る	학교로
가지다	持つ	돈을
갈아입다	着替える	옷을
갈아타다	乗り換える	기차를
감다	閉じる	눈을
감다	洗う	머리를
갖다	持つ	돈을
갚다	返す	돈을
건너가다	渡って行く	길을
건너다	渡る	길을
걷다	歩く	**길을**
걸다	掛ける	그림을
걸리다	掛かる	그림이
걸어가다	歩いて行く	학교에
적다	少ない	양이
적당하다	適当だ	가격이
젊다	若い	나이가
조용하다	静かだ	집이
좁다	狭い	방이
좋다	良い、いい	날씨가
죄송하다	恐れ多い	마음이
즐겁다	楽しい	마음이
지루하다	退屈だ	수업이
진하다	濃い	안개가
짜다	塩辛い	맛이
짧다	短い	다리가
차갑다	冷たい	물이
차다	冷たい	바람이
착하다	優しい	마음이
춥다	寒い	날씨가
충분하다	十分だ	시간이
친하다	親しい	친구와
특별하다	特別だ	관심이
튼튼하다	丈夫だ	몸이
파랗다	青い	하늘이
편찮다	具合が悪い	할아버지께서
편하다	楽だ、安らかだ	마음이
푸르다	青い	나무가
하얗다	真っ白だ	눈이
한가하다	暇がある	마음이
나누다	分ける	둘로
나다	生える	수염이

나오다	出る	밖에	끊다	止める	담배를
나타나다	現れる	건물이	끓다	沸く	물이
날다	飛ぶ	새가	끓이다	沸かす	물을
날아다니다	飛び回る	나비가	끝나다	終わる	수업이
남기다	残す	음식을	끝내다	終える	일을
남다	残る	시간이	끼다	はめる	반지를
낫다	治る	병이	나가다	出る	밖으로
내다	出す	문제를	떨어지다	落ちる	낭떠러지로
내려가다	下りて行く	아래로	뛰다	走る	운동장을
내려오다	下りて来る	아래로	뛰어가다	走って行く	학교로
내리다	降る	비가	뜨다	あける	눈을
넘다	超える	세 시간이	마르다	乾く	물기가
넘어지다	倒れる	자전거가	마시다	飲む	물을
넣다	入れる	책을	마치다	終わる、終える	일을
놀다	遊ぶ	친구와 놀다	막히다	詰まる	통로가
놀라다	驚く	깜짝 놀라다	만나다	会う	친구를
놓다	置く	펜을	만들다	作る	음식을
누르다	押す	버튼을	만지다	触る	손을
눕다	横になる	바닥에	말다	止める	걱정을
느끼다	感じる	추위를	맞다	合う	답이
늘다	増える	면적이	맞추다	合わせる	답을
늙다	老いる	사람이	매다	結ぶ、縛る	신발 끈을
다녀오다	行って来る	학교에	먹다	食べる	밥을
다니다	通う	회사에	멈추다	止む	피가
다치다	怪我する	팔을	메다	担ぐ	가방을
다하다	尽くす	기력이	모르다	知らない	규칙을
닦다	磨く、拭く	구두를	모시다	仕える	부모님을
닫다	閉じる	문을	모으다	集める	장난감을
걸어오다	歩いて来る	집에	모이다	集まる	돈이
계시다	いらっしゃる	한국에	모자라다	足りない	잠이
고르다	選ぶ	선물을	묻다	尋ねる	길을
고치다	直す	컴퓨터를	물어보다	尋ねてみる	길을
괴로워하다	苦しむ	통증으로	미끄러지다	滑る	눈길에
굽다	焼く	고기를	믿다	信じる	약속을
귀여워하다	可愛がる	강아지를	밀다	押す	문을
그리다	描く	그림을	바꾸다	替える	달리를 원화로
그만두다	辞める	학교를	바뀌다	変わる	새 것으로
그치다	止む	비가	달리다	走る	빨리 달리다
기다리다	待つ	버스를	닮다	似る	아빠를
기르다	飼う	개를	던지다	投げる	공을
기뻐하다	喜ぶ	졸업을	데려가다	連れて行く	아이를
기억나다	思い出す	이름이	데려오다	連れて来る	친구를
깎다	剥く	사과를	도와주다	手伝う	일을
깨다	覚める	잠이	돌다	回る	바퀴가
꺼내다	取り出す	가방에서	돌려주다	返す	책을
꾸다	夢見る	꿈을	돌리다	回す	바퀴를
끄다	消す	불을	돌아가다	回る	바퀴가

돌아오다	帰る	학교에서	바라보다	眺める	하늘을
돕다	手伝う、助ける	아버지를	바르다	塗る	로션을
되다	なる	배우가	받다	もらう	선물을
두다	置く	책상 위에	받아쓰다	書き取る	노트에
드리다	差し上げる	용돈을	배우다	習う	글을
듣다	聴く	음악을	버리다	捨てる	휴지를
들다	かかる	돈이	벌다	稼ぐ	돈을
들다	持つ	가방을	벗다	脱ぐ	모자를
들르다	寄る	서점에	변하다	変わる	모양이
들리다	聞こえる	소리가	보내다	送る	편지를
들어가다	入って行く	방으로	보다	見る	신문을
들어오다	入って来る	학교로	보이다	見える	산이
떠나다	離れる、発する	어디론가	보이다	見せる	사진을
떠들다	騒ぐ	시끄럽게	볶다	炒める	고기를
빨다	洗う、洗濯する	옷을	뵙다	お目にかかる	어른을
빼다	抜く	이를	부르다	呼ぶ	친구를
뽑다	抜く	이를	부치다	送る、出す	편지를
사귀다	付き合う	친구를	불다	吹く	바람이
사다	買う	물건을	붙다	付く	먼지가
살다	住む	오래	붙이다	付ける	우표를
생각나다	思い出す	할 말이	비다	空く	집이
생기다	生じる、できる	건물이	빌리다	借りる	돈을
서다	立つ	똑바로 서다	빠지다	溺れる	강에
서두르다	急ぐ	준비를	인정받다	認めてもらう	능력을
섞다	混ぜる	물을	일어나다	起きる	일찍 일어나다
세우다	立てる	자리에서	일어서다	立ち上がる	자리에서
쉬다	休む	그늘에서	읽다	読む	책을
쉬다	息をする	숨을	잃다	なくす	물건을
슬퍼하다	悲しむ	이별을	잃어버리다	失う	물건을
시키다	させる	일을	입다	着る	옷을
식다	冷める	국이	잊다	忘れる	번호를
신다	履く	양말을	잊어버리다	全部忘れる	번호를
싣다	積む	짐을	자다	寝る	잠을
싫어하다	嫌がる	몹시 싫어하다	자라다	育つ	나무가
심다	植える	나무를	자르다	切る	머리를
싸다	包む	짐을	잘되다	よくできる	일이
싸우다	争う	친구와	잘못되다	間違う	순서가
쌓다	積む、築く	물건을	잘못하다	間違える	선택을
썰다	切る	오이를	잘하다	上手にする	외국어를
쓰다	書く	글자를	잠자다	眠る	새근새근 잠자다
쓰다	かぶる	모자를	잡다	握る	손을
쓰다	使う	컴퓨터를	잡수시다	召し上がる	진지를
씹다	噛む	껌을	적다	記す	이름을
씻다	洗う	손을	전하다	伝える	편지를
안다	抱く	아기를	접다	畳む	종이를
안되다	うまく行かない	공부가	정하다	決める	약속을
바라다	願う	성공을	젖다	濡れる	옷이

졸다	居眠る	깜빡 졸다	피다	咲く	꽃이
좋아하다	好きだ	꽃을	피우다	咲かす	꽃을
주다	あげる、くれる	선물을	하다	する	운동을
주무시다	お休みになる	잠을	헤어지다	別れる	친구와
죽다	死ぬ	사람이	화나다	腹が立つ	친구가
줄다	縮む、減る	크기가	화내다	怒る	친구에게
줄이다	小さくする	소리를	흐르다	流れる	물이
줍다	拾う	쓰레기를	흔들다	振る	손을
앉다	座る	의자에	흘리다	流す	눈물을
알다	知る、分かる	사실을	굳다	固まる	땅이
알리다	知らせる	사실을	못하다	できない	노래를
알아보다	調べる	정보를	밝다	明るい	불빛이
어울리다	交わる	사람들과	있다	いる、ある	집에
얻다	得る	물건을	즐거워하다	喜ぶ	매우 즐거워하다
얼다	凍る	얼음이	즐기다	楽しむ	휴가를
여쭙다	申し上げる	선생님께	지나가다	過ぎる	시간이
열다	開く、開ける	문을	지나다	過ぎる、経つ	시간이
열리다	開かれる	문이	지내다	過ごす	잘 지내다
오다	来る	한국에	지다	負ける	경기에서
오르다	上がる	값이	지르다	叫ぶ	소리를
올라가다	上がって行く	나무에	지우다	消す	지우개로
올라오다	上がって来る	산에	지키다	守る	나라를
올리다	上げる	값을	짓다	作る、建てる	집을
외우다	覚える	단어를	찌다	太る	살이
울다	泣く	아기가	찌다	蒸す	감자를
움직이다	動かす	몸을	찍다	押す	도장을
웃다	笑う	활짝 웃다	차다	一杯になる	공간이
원하다	願う、望む	도움을	**차다**	蹴る	**공을**
이기다	勝つ	경기에서	차다	付ける	시계를
익다	実る	과일이	참다	我慢する	기침을
추다	踊る	춤을	찾다	探す	지갑을
춤추다	踊る	가수들이	찾아가다	探して行く	교실로
치다	叩く	책상을	찾아보다	探してみる	수첩을
켜다	つける	불을	찾아오다	訪れる	손님이
켜다	弾く	바이올린을	쳐다보다	見上げる	하늘을
키우다	飼う、育てる	강아지를	**문법 범주**	**항목**	**의미**
타다	燃える	불에	부사격조사	에	〜に（場所）
타다	乗る	차에	부사격조사	에	〜に（時間）
타다	入れる、混ぜる	커피를	부사격조사	에서	〜から（場所）、で
태어나다	生まれる	아이가	부사격조사	서	〜で
튀기다	揚げる	기름에	부사격조사	에게	〜（人）に
틀다	つける	텔레비전을	부사격조사	한테	〜（人）に
틀리다	間違う	답이	부사격조사	께	〜（人）に
팔다	売る	책을	부사격조사	하고	〜と
팔리다	売れる	물건이	부사격조사	(이)랑	〜と
펴다	開く	책을	부사격조사	와/과	〜と
풀다	外す	나사를	부사격조사	으로	〜へ、に

부사격조사	에게서	〜（人）から
부사격조사	한테서	〜（人）から
부사격조사	보다	〜より
부사격조사	처럼	〜ように、みたいに
보조사	까지	〜まで
보조사	도	〜も
보조사	마다	〜ごとに、度に
보조사	만	〜だけ
보조사	밖에	〜しか
보조사	부터	〜から（時間）
보조사	은/는	〜は
보조사	이나	〜でも、か
접속조사	하고	〜と
접속조사	와/과	〜と
접속조사	(이)랑	〜と
접속조사	(이)나	〜でも、か
주격조사	이/가	〜が
주격조사	께서	〜（人）に「敬語」
목적격조사	을/를	〜を
관형격조사	의	〜の
보격조사	이/가	〜が
관형형 어미	-(은)ㄴ	形容詞＋名詞
관형형 어미	-는	動詞現在＋名詞
관형형 어미	-(으)ㄹ	動詞未来＋名詞
명사형 어미	-음/ㅁ	〜すること
명사형 어미	-기	〜すること
부정 부사	안	〜しない
부정 부사	못	〜できない

TOPIK I 文法

문법·표현	의미	문법·표현	의미
-고	～て	-(으)러 오다	～しに来る
-지만	～けど	-(으)려고 하다	～しようとする
-아/어서/여서	（契機）～て	-(으)ㄹ 수 있다	～できる
-거나	～たり	-(으)ㄹ 수 없다	～できない
-는데	～けど、だが、ので	-아/어/여도 되다	～しても良い
-(으)러	～しに	-아/어/여야 되다	～しなければならない
-(으)려고	～しようと	-아/어/여야 하다	～しなければならない
-(으)면서	～しながら	-아/어/여 보다	～してみる
-게	～く、に	-아/어/여 주다	～てくれる、あげる
-ㅂ/습니까	～ですか	-기로 하다	～ことにする
-ㅂ/습니다	～です	-는 게 좋겠다	～のが良い
-아/어요　　[평서형]	～です	-았/었/였으면 좋겠다	～なら良いのだが
-아/어요	～です、ましょう	-(으)ㄴ 적이 있다	～したことがある
-아/어요	～です、ましょう	-(으)ㄴ 적이 없다	～したことがない
-(이)지요?	～でしょう	-(으)ㄹ까봐	～するかと思って
-지요	～ましょう	-(으)ㄹ까 하다	～しようかする
-(으)ㄹ래요	～ますか	-게 되다	～になる、くなる
-(으)ㅂ시다	～ましょう	-았/었/였-	（過去形）
-(으)세요	～て下さい、敬語	-겠-	（意志、推量）
-(으)십시오	～て下さい「格式」	-(으)시-	（敬語）
-(으)ㄹ게요	～します（意志）		
-아/어서요	～だからです		
-(으)니까요	～だからです		
-(으)ㄴ데(요)	～ですが		
-(이)ㄴ데요	～ですが		
-고요	～ですし		
-(으)려고요	～しようと思って		
-군요	～ですね、ますね		
-네요	～ですね、ますね		
-는군요	～ですね、ますね		
이/가 아니다	～ではない		
-고 있다	～ている		
-고 싶다	～したい		
-지 않다	～ではない		
-지 못하다	～できない		
-지 말다	～しない		
-(으)ㄹ 것이다	～です、ます(意志)		
-(으)ㄴ 것 같다	～のようだ		
-는 것 같다	～のようだ		
-(으)ㄹ 것 같다	～のようだ		
-(으)ㄴ 후에	～したあとで		
-(으)ㄹ 때	～する時		
-기 전에	～する前に		
-기 때문에	～だから		
-(으)ㄴ 지	～してから		
-(으)러 가다	～しに行く		

著者　紹介

黄　昞峻（ファン・ビョンジュン）

　　韓国生まれ
　　大分大学大学院工学研究科博士後期課程単位取得満期退学　博士（工学）
　　現在、在日本大韓民国民団大分県地方本部　韓国語学校　講師
　　現在、大分大学・大分県立芸術文化短期大学・大分県立看護科学大学・西日本工業大学
　　非常勤講師
　　現在、大分県「韓国語によるスピーチ大会」審査委員
　　現在、韓国語能力試験（TOPIK）大分会場責任者

金　善美（キム・ソンミ）

　　韓国生まれ
　　下関大学経済学部国際商学科卒業
　　現在、大分県立大分西高等学校・大分県立由布高等学校　非常勤講師

大学韓国語 - 基礎

初版発行 2023年 3月 31日

著　者　黄昞峻・金善美

発 行 人　中嶋 啓太

編　集　金善敬

発 行 所　博英社
　　　　〒 370-0006 群馬県 高崎市 問屋町 4-5-9 SKYMAX-WEST
　　　　TEL 027-381-8453 / FAX 027-381-8457
　　　　E · MAIL hakueisha@hakueishabook.com
　　　　HOMEPAGE www.hakueishabook.com

ISBN　　978-4-910132-41-9

定　　価　　2,420円 (本体 2,200円)

教材構成表

音節表

第1部：入門		
入門	主題	内容
入門1	母音①	基本母音
入門2	子音①	子音（初声）
入門3	音節①	基本母音と子音の組み合わせ
入門4	母音②	活用（二重＝複合）母音
入門5	音節②	二重母音と子音の組み合わせ
入門6	子音②	子音（終声）
入門7	発音法則	発音の変化
	復習	音節①、音節②、パッチム、発音変化
入門8	ハングル表記	日本語のハングル表記法
入門9	読み練習	授業で使う表現、基本挨拶
第2部：初級		
初級	主題	内容
初級1	故郷は大分です	敬語体の終結形
初級2	趣味は登山ではありません	体言の否定形
初級3	この建物は何ですか	指示・疑問代名詞
初級4	週末は何をしますか	動詞の敬語体の終結形
初級5	大分の天気はどうですか	形容詞の敬語体の終結形
初級6	休日に何をなさいますか	敬語
初級7	この方は誰ですか	非格式体終結語尾
初級8	とてもお腹が空きます	用言の親しみのある終結語尾①【基本形】
初級9	夏にも温泉に入りますか	用言の親しみのある終結語尾②【変則形】
初級10	何かありましたか	過去形
初級11	家にタクシーで行っています	現在進行形
初級12	ここからどれくらいかかりますか	漢数字
初級13	何時に起きますか	固有数字
初級14	3月生まれなので早く入学しました	理由・原因表現、詠嘆表現
初級15	なぜ故郷に行かないですか	否定形
初級16	私も行きたいです。皆一緒に行きましょう	勧誘・意志・推量表現
初級17	もしあれば1週間だけ貸して下さい	丁寧な禁止命令形
初級18	薬を飲んだけどずっと痛くて頻りに眠いです	接続副詞、接続語
第3部：ワークブック		
入門	入門1課〜9課	
初級	初級1課〜18課	
第4部：付録		
付1-4	1. 助詞のまとめ　2. 用言の活用　3. 本文の日本語訳　4. 初級・ワークブック練習問題答案	
付5	5. 韓国語能力試験（TOPIK Ⅰ）初級　語彙・表現	

第1部：入門		
詳細		**ページ**
基本母音制字原理、発音と書き順		2~5
子音（初声）制字原理、発音と書き順		6~9
音節表①、単語の読み書き		10~13
活用（二重＝複合）母音		14~17
二重母音と子音の組み合わせ		18~21
パッチム		22~25
発音変化の6法則		26~31
音節①、音節②、パッチム、発音変化		32~35
日本語のハングル表記法、名前・地名		36~37
授業で使う表現、基本挨拶		38~42

第2部：初級			
詳細	**助詞等**	**語彙**	**ページ**
～です（か）、～と申します	～は	職業、出身国	46~49
～ではありません（か）	～が	趣味、果物	50~53
指示・疑問代名詞（何、どこ）	～も	生活施設、文房具	54~57
～ます（か）、～に会う	～を、～と	動詞、住生活	58~61
位置表現（所・方）	～に、～の	形容詞、天気	62~65
敬語	～たり	着用動詞と名詞	66~69
～です（か）人称・疑問代名詞、～が好き、～が良い	～より	呼称	70~73
～ます・です（か）【基本形】	～で、～と	メニュー	74~77
～ます・です（か）【変則形】、丁寧化のマーカー		頻度と様態副詞	78~81
過去形	～しに		82~85
～ている	～（方法）で	時間、移動手段	86~89
漢数字	～から～まで		90~93
固有数字	～から	野菜	94~97
～なので、～ですね	～へ	教育	98~101
否定表現（～しない、～できない）	～に、～から	植物、鳥類	102~105
勧誘・意志・希望表現	～と	生き物	106~109
敬語の勧誘命令、仮定形	～だけ	ローマ字	110~113
接続副詞、～て	～けど	身体名称	114~117

第3部：ワークブック	
入門 ワークブック	122~133
初級 ワークブック	135~171

第4部：付録	
	175~216

音節表

音節	K/G ㄱ	N ㄴ	T/D ㄷ	R ㄹ	M ㅁ	P/B ㅂ	S ㅅ	- ㅇ	CH/J ㅈ	CH ㅊ	K ㅋ	T ㅌ	P ㅍ	H ㅎ	KK ㄲ	TT ㄸ	PP ㅃ	SS ㅆ	JJ ㅉ
a ㅏ	Ka/Ga 가	Na 나	Ta/Da 다	Ra 라	Ma 마	Pa/Ba 바	Sa 사	A 아	CHa/Ja 자	CHa 차	Ka 카	Ta 타	Pa 파	Ha 하	KKa 까	TTa 따	PPa 빠	SSa 싸	JJa 짜
ya ㅑ	Kya/Gya 갸	Nya 냐	Tya/Dya 댜	Rya 랴	Mya 먀	Pya/Bya 뱌	Sya 샤	Ya 야	CHya/Jya 쟈	CHya 챠	Kya 캬	Tya 탸	Pya 퍄	Hya 햐	KKya 꺄	TTya 땨	PPya 뺘	SSya 쌰	JJya 쨔
eo ㅓ	Keo/Geo 거	Neo 너	Teo/Deo 더	Reo 러	Meo 머	Peo/Beo 버	Seo 서	Eo 어	CHeo/Jeo 저	CHeo 처	Keo 커	Teo 터	Peo 퍼	Heo 허	KKeo 꺼	TTeo 떠	PPeo 뻐	SSeo 써	JJeo 쩌
yeo ㅕ	Kyeo/Gy 겨	Nyeo 녀	Tyeo/Dy 뎌	Ryeo 려	Myeo 며	Pyeo/By 벼	Syeo 셔	Yeo 여	CHyeo/Jyeo 져	CHyeo 쳐	Kyeo 켜	Tyeo 텨	Pyeo 펴	Hyeo 혀	KKyeo 껴	TTyeo 뗘	PPyeo 뼈	SSyeo 쎠	JJyeo 쪄
o ㅗ	Ko/Go 고	No 노	To/Do 도	Ro 로	Mo 모	Po/Bo 보	So 소	O 오	CHo/Jo 조	CHo 초	Ko 코	To 토	Po 포	Ho 호	KKo 꼬	TTo 또	PPo 뽀	SSo 쏘	JJo 쪼
yo ㅛ	Kyo/Gyo 교	Nyo 뇨	Tyo/Dyo 됴	Ryo 료	Myo 묘	Pyo/Byo 뵤	Syo 쇼	Yo 요	CHyo/Jyo 죠	CHyo 쵸	Kyo 쿄	Tyo 툐	Pyo 표	Hyo 효	KKyo 꾜	TTyo 뚀	PPyo 뾰	SSyo 쑈	JJyo 쬬
u ㅜ	Ku/Gu 구	Nu 누	Tu/Du 두	Ru 루	Mu 무	Pu/Bu 부	Su 수	U 우	CHu/Ju 주	CHu 추	Ku 쿠	Tu 투	Pu 푸	Hu 후	KKu 꾸	TTu 뚜	PPu 뿌	SSu 쑤	JJu 쭈
yu ㅠ	Kyu/Gyu 규	Nyu 뉴	Tyu/Dyu 듀	Ryu 류	My 뮤	Pyu/Byu 뷰	Syu 슈	Yu 유	CHyu/Jyu 쥬	CHyu 츄	Kyu 큐	Tyu 튜	Pyu 퓨	Hyu 휴	KKyu 뀨	TTyu 뜌	PPyu 쀼	SSyu 쓔	JJyu 쮸
eu ㅡ	Keu/Geu 그	Neu 느	Teu/Deu 드	Reu 르	Meu 므	Peu/Beu 브	Seu 스	Eu 으	CHeu/Jeu 즈	CHeu 츠	Keu 크	Teu 트	Peu 프	Heu 흐	KKeu 끄	TTeu 뜨	PPeu 쁘	SSeu 쓰	JJeu 쯔
i ㅣ	Ki/Gi 기	Ni 니	Ti/Di 디	Ri 리	Mi 미	Pi/Bi 비	Si 시	I 이	CHi/Ji 지	CHi 치	Ki 키	Ti 티	Pi 피	Hi 히	KKi 끼	TTi 띠	PPi 삐	SSi 씨	JJi 찌
ae ㅐ	Kae/Gae 개	Nae 내	Tae/Dae 대	Rae 래	Mae 매	Pae/Bae 배	Sae 새	Ae 애	CHae/Jae 재	CHae 채	Kae 캐	Tae 태	Pae 패	Hae 해	KKae 깨	TTae 때	PPae 빼	SSae 쌔	JJae 째
yae=ae ㅒ	Kyae/Gy 걔	Nyae 냬	Tyae/Dy 댸	Ryae 럐	Myae 먜	Pyae/By 뱨	Syae 섀	Yae 얘	CHyae/Jyae 쟤	Chyae 챼	Kyae 컈	Tyae 턔	Pyae 퍠	Hyae 햬	KKyae 꺠	TTyae 떄	PPyae 뺴	SSyae 쌔	JJyae 쨰
e ㅔ	Ke/Ge 게	Ne 네	Te/De 데	Re 레	Me 메	Pe/Be 베	Se 세	E 에	CHe/Je 제	CHe 체	Ke 케	Te 테	Pe 페	He 헤	KKe 께	TTe 떼	PPe 뻬	SSe 쎄	JJe 쩨
ye=e ㅖ	Kye/Gye 계	Nye 녜	Tye/Dye 뎨	Rye 례	Mye 몌	Pye/Bye 볘	Sye 셰	Ye 예	CHye/Jye 졔	Chye 쳬	Kye 켸	Tye 톄	Pye 폐	Hye 혜	KKye 꼐	TTye 뗴	PPye 뼤	SSye 쎼	JJye 쪠
wa ㅘ	Kwa/Gwa 과	Nwa 놔	Twa/Dwa 돠	Rwa 롸	Mwa 뫄	Pwa/Bwa 봐	Swa 솨	Wa 와	CHwa/Jwa 좌	Chwa 촤	Kwa 콰	Twa 톼	Pwa 퐈	Hwa 화	KKwa 꽈	TTwa 똬	PPwa 뽜	SSwa 쏴	JJwa 쫘
wae ㅙ	Kwae/Gw 괘	Nwae 놰	Twae/Dw 돼	Rwae 뢔	Mwae 뫠	Pwae/Bw 봬	Swae 쇄	Wae 왜	CHwae/Jwae 좨	Chwae 쵀	Kwae 쾌	Twae 퇘	Pwae 퐤	Hwae 홰	KKwae 꽤	TTwae 뙈	PPwae 뽸	SSwae 쐐	JJwae 쫴
oe ㅚ	Koe/Goe 괴	Noe 뇌	Toe/Doe 되	Roe 뢰	Moe 뫼	Poe/Boe 뵈	Soe 쇠	Oe 외	CHoe/Joe 죄	Choe 최	Koe 쾨	Toe 퇴	Poe 푀	Hoe 회	KKoe 꾀	TToe 뙤	PPoe 뾔	SSoe 쐬	JJoe 쬐
wo ㅝ	Kwo/Kwo 궈	Nwo 눠	Two/Dwo 둬	Rwo 뤄	Mwo 뭐	Pwo/Bwo 붜	Swo 숴	Wo 워	CHwo/Jwo 줘	Chwo 춰	Kwo 쿼	Two 퉈	Pwo 풔	Hwo 훠	KKwo 꿔	TTwo 뚸	PPwo 뿨	SSwo 쒀	JJwo 쭤
we ㅞ	Kwe/Gwe 궤	Nwe 눼	Twe/Dwe 뒈	Rwe 뤠	Mwe 뭬	Pwe/Bwe 붸	Swe 쉐	We 웨	CHwe/Jwe 줴	Chwe 췌	Kwe 퀘	Twe 퉤	Pwe 풰	Hwe 훼	KKwe 꿰	TTwe 뛔	PPwe 쀄	SSwe 쒜	JJwe 쮀
wi ㅟ	Kwi/Gwi 귀	Nwi 뉘	Twi/Dwi 뒤	Rwi 뤼	Mwi 뮈	Pwi/Bwi 뷔	Swi 쉬	Wi 위	CHwi/Jwi 쥐	Chwi 취	Kwi 퀴	Twi 튀	Pwi 퓌	Hwi 휘	KKwi 뀌	TTwi 뛰	PPwi 쀠	SSwi 쒸	JJwi 쮜
ui=i ㅢ	Kui/Gui 긔	Nui 늬	Tui/Dui 듸	Rui 릐	Mui 믜	Pui/Bui 븨	Sui 싀	Ui 의	CHui/Jui 즤	Chui 츼	Kui 킈	Tui 틔	Pui 픠	Hui 희	KKui 끠	TTui 띄	PPui 쁴	SSui 씌	JJui 쯰